從心溝通

聖嚴法師◎著

編者序

進入全球化時代之後，人際溝通的管道雖然大幅增加，但人與人之間卻不見得因爲溝通頻繁而互相信任、瞭解，反而更容易疏離、隔閡。《從心溝通》是聖嚴法師從各個角度解析人際關係問題的著作，希望能提供讀者全新的思考方向。全書共分爲四大部分：「學習接納與誠懇」、「學習欣賞與讚美」、「學習慈悲與包容」以及「學習關懷與付出」。

當人與人之間發生不愉快時，許多人都習慣把問題歸咎他人；其實，這種對立而緊張的心態，不但容易傷害他人，也會增加自己的煩惱。法師在書中提到：「一般人所認爲的溝通協調，就是讓別人接受自己，卻往往忘了體察別人眞正的需求。」指出與人相處時最大的盲點在於「本位主義」，只從自己的角度出發，希望別人接受自己，卻忘了站在別人的立場、爲對方設想——而這樣的「同理心」，往往才是維繫和諧人際關係的關鍵。

聖嚴法師透過平易近人的語言、生活化的實例來勸勉我們，無論他人如何對待我們，我們都要從自己的內心做起，以信任、包容的態度與他人溝通。法師說：「只要用誠懇、親切的態度，以人的本質來對待每個人，把每個人基本上都視爲好人，就能和別人建立友好的關係。」如此將人際關係回歸到眞誠良善的原點，並提供最切實可行的實踐方法，法師希望以佛法的智慧在日常生活中利益眾人的悲願心，在書中處處可見。

本書內容原爲「大法鼓」電視節目中聖嚴法師的談話，整理成文稿後曾於《人生》雜誌的「人生導師」專欄中連載，受到廣大的歡迎，於是將文稿結集成書。相同型態的書籍，二〇〇五年已經出版了《找回自己》，如今再出版《從心溝通》，希望所有讀者在與自我心靈對話的同時，也不要忘記用最溫暖的善意去關懷他人，共同創造一個更爲和諧的世界。

法鼓文化編輯部

目錄

學習接納與誠懇

學習欣賞與讚美

學習慈悲與包容

學習關懷與付出

學習接納與誠懇

溝通的方法

人是群體的動物，不可能離群索居，除非你想成爲與世隔絕的人，把自己關在一個獨立的空間裡，不想和任何人接觸，也不想請求任何人幫忙，那才不需要與人溝通，否則誰都免不了要與他人溝通。

溝通很重要，可是在人與人相處的過程中，我們都會選擇與自己比較契合的人來往。總認爲：反正不和某某人來往，不和某某人談話，一樣會有其他朋友，一樣可以過日子。於是就開始有所分別：這個人是我的朋友，那個人不是我的朋友；或是這班人都是壞人，我不願意和他們做朋友。

像這樣的人，在腦子裡已經設定好標準，認定了某些人不夠朋友，或不是朋友，或是這些人都是出賣他、要佔他便宜的，甚至覺得別人的水準太差，不夠資格做他的朋友。這種不願雙向溝通的人，要和他交朋友是很難的，因爲，溝通一定是雙向的，如果只是單向的就不能稱作溝通，因爲根本無從溝通起。

照常理說，只要不是惡友、損友，交朋友應該是多多益善，但如果任憑你如何努力，對方還是不願接受你，仍然對你有敵意，那就不用再努力，只有暫不往來了。因爲你不一定非得和他做朋友不可，更何況是他不願意和你來往，不願意接納你，如果你執意要和他來往，不但你很痛苦，他會更痛苦。事情到了這個地步，也是無可奈何的。不過，即使如此，也不要把對方當成敵人，心裡還是要把他當成朋友。

這就是佛法中所謂「默擯」的方式。「默」是沉默，「擯」就是驅逐，意思是他不生活在我的範圍裡，我也不生活在他的範圍裡，彼此互不干擾、涉入。因爲既然沒有辦法溝通，那就不需要再強求了。尤其是當對方無理取鬧、不可理喻，你和他有理也講不通時，那只有用默擯的方式。可是等他回心轉意後，還是要將他視爲朋友，不要因此而把他當成十惡不赦的人。

另外還有一種方式是「試探」，幾次試探後或許會發現，也許是因爲你的方法、心態或言語讓對方誤會，以至於他無法接受。這時你必須先調整自我，調整到對方能夠接受的程度爲止，但不能把自己完全變成別人期待的樣子，否則就失去了自己的立場與原則，連一般人也無法接受。你可以試著想辦法先適應對方，將自己的一部分改變，經過多次的適應調整，最後也許對方會回心轉意，願意主動或被動的與我們接觸。

無論我們採用什麼方式溝通，都要明白，溝通需要雙方共同的努力，只靠單方面努力是不夠的。所以除了要敞開心胸接納別人外，對於他人剛強、抗拒的心，也要用慈悲心來軟化它，這樣才能達成眞正有效的溝通。

先接納別人才能溝通

一般人所認爲的溝通協調，就是讓別人接受自己，往往忘了體察別人眞正的需求。例如，我有一個弟子，他在與人溝通協調時，常常會說：「我是爲你設想，所以你一定要接受我的建議，你非這麼做不可。」然後才問對方：「你會不會覺得很難接受？」如果對方表示很困難，他便回答：「這不困難，只要你接受我的想法，困難自然就會解決。」

像這樣的溝通，是單向、塡鴨式的，並不是眞正的溝通。眞正的溝通一定要先問對方有什麼困難？有什麼需求？然後再看自己能幫上什麼忙，不要一廂情願的要對方接受自己的做法。

我在日本留學期間，不論到任何商店，店員一定會先問一句話：「請問我能幫你什麼忙？」人與人之間的溝通也應該如此。幫助別人時，不要預先設想好自己的計畫，然後不管別人是否需要，硬是把自己的方法套在對方身上。例如，中國人宴客時，都不會先問客人的口味如何，菜一上桌就不停地把菜挾給客人，使得客人吃也不行，不吃也不行，非常尷尬。但是在西方則不然，例如有一次我熱心地挾菜給一位西方客人，他不甚愉悅地直接對我說：「你知道我喜歡吃這個嗎？」從此以後，幫別人挾菜前，我都會先問對方：「菜合不合口味？」、「還想吃些什麼嗎？」

因此，溝通協調的原則應該是：先讓對方提出他眞正的想法與需要，然後再讓他瞭解我們所能提供的幫助，這樣的溝通協調才算成功。溝通是一種雙向的交流，如果只是單向的溝通，那其實不是眞正的溝通。

佛法中也有所謂的「四攝法」，指的是用四種方法來引導眾生接受佛法，分別爲：「同事」、「布施」、「利行」與「愛語」，這四種方法都非常重要，因爲我們想要度化眾生，就不能強制眾生接受佛法，要讓他們能夠眞心的接受。所以，想要度化眾生，首先就要接納眾生。

佛教認爲一個佛教徒，或是正在學習菩薩道的人，是不能離開群眾的，因爲行菩薩道要能做到「眾生無邊誓願度」。既然要度化眾生，就不能夠離開人群而自求安樂、獨善其身，必須把自己奉獻給眾生，並且先放寬胸襟接納眾生的種種問題，幫助他們解決問題，然後才能讓他們放寬胸襟，接受佛法。

有些人在度化別人時，往往會高姿態地說：「佛法太好了，你必須相信、必須接受。」這種說法是在展現權威，而不是感化別人。最好是用佛法來感化人、感動人，而不是教訓人。菩薩都是以低身段、低姿態融入眾生之中，不僅和每一位眾生地位平等，甚至還要讓眾生覺得自己的地位比較高，有種被尊重的感覺，才能讓眾生對佛法產生好感。同樣地，當你要和別人溝通時，也是要先放低身段，先接納對方，對方才有可能眞正和你溝通。

存好心，說好話

俗話說：「禍從口出。」說話不得體，常常會傷人又傷己，引起很多麻煩。佛教有所謂的「妄語」，不論是一般人喜歡聽的虛僞奉承、空洞修飾，或是討厭聽的刺激、辱罵、譏諷的言語，以及誘使人犯罪的說詞，全部都是妄語；也可以說，凡是會讓自己產生煩惱、他人受到傷害的話語，都是妄語。

妄語的範圍很廣，約略可分爲四種：「妄言」、「綺語」、「兩舌」與「惡口」。「妄言」是說謊，存心騙人；「綺語」是花言巧語、言不及義；「兩舌」是挑撥離間，使得人們互相仇視，變成對頭冤家；「惡口」是口出惡言，使別人受到傷害。

能夠完全不說妄語，恐怕只有聖人才做得到，一般人多多少少都會有這種口舌的過失，即使是純眞的孩子，也難免說謊騙人。例如，爸爸問孩子：「你最喜歡誰啊？」這個孩子如果夠伶俐的話，就會回答：「我最喜歡爸爸。」當媽媽問他的時候，他就會改口說：「我最喜歡媽媽。」爲了討好父母親，孩子兩邊說的話不一樣，也算是一種妄語。

有時候，親戚朋友之間也會這樣問：「你喜歡爸爸還是媽媽？」孩子沒有辦法選擇，很難做判斷，只好圓滑的說：「我喜歡爸爸，也喜歡媽媽。」如果再追問：「那你最喜歡哪一個呢？」這就更讓孩子爲難了。其實，大人不該這樣問孩子，不但對孩子不公平，也會造成誤導。

所以，從小的時候開始，大人經常就在日常生活的潛移默化中，讓孩子養成說謊的習慣。剛開始，這種小小的謊言或許還無傷大雅，但長大以後，或是爲了談生意牟利，或是爲了個人的利害得失，漸漸就會變本加厲的欺騙、害人。

例如，有些生意人便相信，如果不對顧客說謊，產品便會賣不出去，於是推銷時就會誇大其詞的說：「我的產品是以虧本的價錢賣給你，不買一定會後悔。」其實他根本獲利豐厚。像這樣既不誠實又別有居心的說法，就是在說謊。

事實上，只要貨眞價實，做生意不一定要說謊。我有一位縱橫商場多年的朋友，他說他之所以能夠成功，是因爲在與顧客談判的時候，態度非常眞誠，也會讓對方知道自己的立場。畢竟，做生意除了原料、機械設備、水電、人工等成本外，還是應該爲自己爭取一些合理的利潤；不過，扣掉成本與合理的利潤後，或許就不應再賺取暴利。所以，爲了做生意而說謊騙人，並不是必要的手段。唯有貨眞價實、信用可靠，才是工商界應有的職業道德，也才能使事業可大可久。

因此，我們在日常生活中，除了做到「不妄言」、「不綺語」、「不兩舌」、「不惡口」，更要積極地以「誠實語」、「尊敬語」、「讚歎語」、「慰勉語」來與他人互動。如果能淨化我們的語言，我們的環境裡就會減少很多的口舌是非。

實話實說爲上策

有人認爲我們處在「公關時代」，人與人之間的接觸時間很短暫，無法再像傳統社會一樣，有時間慢慢深入認識每個人，所以很需要多做自我公關，大力推銷自己。也就是要多展現自己的優點讓別人知道，如果自己的條件不夠好，還得再多吹噓幾句。但是，過份自我膨脹的表現其實並不恰當，也算是妄語的一種。

例如，運用廣告來行銷產品是很正常的，雖然廣告的內容一定是誇自家產品好，這是無可厚非的，但絕不能利用廣告騙人，以此牟取暴利。如果廣告的內容虛妄不實，消費者受騙一次以後，必然不會再次上當，甚至會訴諸法律要求賠償，如果因此導致公司財務的支付，豈不是更加得不償失？

再以找工作爲例。現代人在求職前，一定要先寄出應徵信函，讓應徵的公司知道自己具備哪些條件、能夠做些什麼。如果有進一步消息，還必須經過面試、個別談話，以測試出應徵者眞正的程度。程度好的人，公司才會優先錄用。

因此，面試時很少人會講自己的缺點，至於自己的優點，例如誠懇、努力、負責等，雖然可以多講，但是萬萬不可自我吹噓，因爲負責面試的主管都是專業的內行人，所以面談時，只要看看他的經歷，然後和他多談幾句話，便可以知道應徵者眞正的工作能力到底如何？是不是在吹牛？如果對方說的是假話，馬上就會洩了底，或是很快就會被拆穿，反而自取其辱。所以過份的自我吹噓，不但沒有必要，還會造成反效果。

對於那些有自我膨脹傾向的人，或許眞的相信自己有很多優點；可是就客觀的事實來看，這些優點根本不存在；雖然他不是有意欺騙，只是對自己的認識不清，但仍算是妄語。

所以，面試時還不如老實主動告知應徵單位：「我在哪一方面能力比較不足，但是哪方面的能力相當強。」或是：「我有相當的做事能力，但是某些事我大概做不來。」如此一來，反而會讓人覺得你是個踏實、有自知之明的人，而願意予以錄用。所以，實話實說還是比吹噓更容易得到工作的機會。

所謂「眞金不怕火鍊」、「紙包不住火」、「事實勝於雄辯」，在講究資訊透明、公開的現代社會，說再多好聽的話、再怎麼雄辯，也無濟於事，因爲只要經過事實的驗證，妄語一定會被戳破，還是應該實話實說，才是上上之策。

討好的話不一定是好話

幾乎每個人都喜歡聽讚美的話，例如，做太太的很喜歡先生說些甜言蜜語，因爲聽起來很舒服。但有時說這種安慰他人、附和他人的話，說話的人自己的心裡都覺得怪怪的，好像在說謊一樣；要知道自己是不是在說謊，標準就在於自己的「存心」。

有的人嘴甜如蜜，表面上講得非常好聽，但骨子裡盡是諷刺，只是爲了達到目的，不得不口是心非，這種陰險、欺騙的行爲是很糟糕的，最好不要有。

不過，如果是眞心讚美又不一樣了。例如，一位女士雖然以客觀角度來看，並不是很美，但因爲自己的確很欣賞對方、覺得她很美麗而讚美說：「妳今天打扮得眞好看，看起來很有精神。」這種讚美是由內心眞誠發出的，是一種勉勵的言語，能讓人感覺很舒服，任何人都願意接受，就不算是巧言令色了。

有時候，為了想和不熟悉的人盡快建立起良好關係，或是引起對方的注意，加深對方對自己的印象，以順利達成特定目的，就會特別投其所好，講一些對方喜歡聽的話。這原本並不為過，但是要視態度而定，如果是以誠懇、謙虛的態度，希望對方接受自己的好意，使自己得到一點幫助，只要是讓對方覺得被尊重，可以拉近彼此的距離，不再那麼陌生，便不算是「綺語」。

例如，常常會有人對我說：「師父，幾年沒看到您，您怎麼沒變老，反而愈來愈年輕呢？」如果他們說我眞的比過去年輕，這就是謊話；如果只是感覺上，覺得我看起來好像比過去年輕一點，或許是眞心話，不算是妄語。事實上，他們說這些話都沒有惡意，也不算是謊言，因為他們希望師父年輕健朗，所以感覺我好像精神比過去好一點；或者他們希望我聽了很開心，這也是一種心意。其實我自己的身心狀況，自己最清楚，所以我會感謝他們所講的話，但不會把它當眞。

但是，就是有人特別喜歡聽些恭維的奉承話，希望別人報喜不報憂，專門聽一些妄言、綺語，這種人的智慧不夠，正人君子一定會遠離，只能任用一些小人，他們說綺語的目的就是要討好你，你希望聽哪一種話，他就講哪一種話，表面上讓你聽了很舒服，其實這些話非但毫無益處，反而還會影響你對事情的判斷，爲你帶來麻煩，使你成爲受害者。

至於一般認爲無傷大雅的白色謊言，最好也不要說，例如有人上班遲到，可是又不想說出眞正的原因是睡過頭，所以就藉口堵車，或隨便找其他理由搪塞。像這樣假藉其他理由來掩蓋事實，其實對方可能早已心知肚明，只是一時間沒有拆穿而已，長久下來是得不到別人諒解的，所以還是說實話比較妥當。既然「綺語」和「妄言」對人對己都沒有好處，還是少說爲妙！

謠言止於智者

佛教的五大基本戒律中有一項「不妄語戒」，意思是指「不說任何害人害己的言語」。可是，懂得發自內心、恰到好處地讚美別人的人很少，喜歡在背後批評別人的人卻很多。一般人如果不是在人前歌功頌德、言不由衷的奉承，就是在人後因妒忌而中傷別人，或是透過批評來發洩自己的不滿。因爲他們已經習慣「張家長、李家短」，似乎覺得說別人的優點一點意義都沒有，只有不斷地說別人的缺點，才會痛快、過癮，因而很難改掉說閒話的毛病。

台灣目前不只在媒體上有這樣的現象，一般的家庭聚會也經常如此，說別人的閒話似乎已經形成一種風氣。像是大家都喜歡謠傳：「聽說某某女明星生了一個私生子。」類似這樣的謠言，談論時好像很有趣，但其實毫無意義，只是一種無聊的舉動罷了！

雖然大家都知道不要聽信謠言，多數人也不會輕信謠言，可是卻很喜歡傳播謠言，例如：「有人說某某人做了件缺德事，我只是聽別人這麼說，不知道是眞的還是假的，請你不要隨便傳出去。」對方聽到後，表面上點頭說好，背地裡卻很快告訴另外一個人：「我聽說某某人做了件缺德事，但是你不要跟其他人亂講，因爲我只是聽說，到底是不是眞的，我也不知道。」結果一傳十、十傳百，謠言便不脛而走了。

所謂「好事不出門，壞事傳千里」就是在這種狀況下造成的，如果是好事，傳揚開來還可以激勵人心；但如果是壞事，傳開之後，內容既沒有意義，也不能讓當事人改過，而且這些耳語通常是在事情尙未明朗時，便已經在暗地裡流傳了，這樣的流言會中傷別人。所以，在傳播這些言論之前，應該想想，如果換作是自己被謠言所困擾，應該也會痛不欲生地大聲吶喊：「我明明沒有做這樣的事，爲什麼會出現這麼難聽的傳言呢？」如果能將心比心，便不會傳播謠言，也不會聽信謠言了。

俗話說：「謠言止於智者。」當我們要說任何一句指責、批評、譏諷的話之前，要先考慮到：「這句話對對方有利嗎？對自己有益嗎？對其他聽到這句話的人，產生的是正面或負面的作用呢？」如果開口前能先想到這些，就不會隨便亂講話，而能多積一點口德。

相反的，如果口無遮攔、缺乏口德，惡毒的謠言、閒話說多了，總有一天會自食其果，因爲言語上的過失是一種惡業。所以，我們應該多說利人利己的好話，不要說害人害己的是非謠言。

不要只是抱怨，要處理抱怨

「抱怨」是從家庭到社會上的每一個角落，都可以看到的普遍現象，也是正常現象。即使親如父母子女也會互相抱怨，雖然父母疼愛子女自不在話下，但仍不免口出怨言。例如，母親看到孩子不聽話，可能會在父親面前說：「這孩子像你一樣，脾氣那麼壞，怎麼教都教不好，你要好好管管他。」像這樣的言語，很容易引起大家的不愉快。

人都是在生氣之後才會抱怨，所以抱怨的內容多半聽來刺耳，不只被抱怨的人不舒服，就連抱怨者本身也一樣不愉快。會抱怨，主要是起因於對人事物的不滿，但是，世間不如意事本是十常八九，光是抱怨並不能讓事情如意。

一般人在聽到怨言後可能會想：「我對他這麼好，他爲什麼還不滿意？我好心替他處理問題，結果他卻反過來抱怨我，眞是『狗咬呂洞賓，不識好人心。』」這種想法只會讓自己愈想愈氣憤。如果能將抱怨視爲正常現象，被抱怨的人或許就不會太痛苦；否則別人一抱怨，便覺得自己是無辜的受害者，痛苦也會像滾雪球一般，愈來愈大、愈來愈沉重。

如果又能換個角度想：「人非聖賢，孰能無過？」別人說的可能眞的是自己的過失，他抱怨得其實很有道理，可以幫助我看清自己的盲點。

更何況人人都是凡夫，既是凡夫，就不可能沒有煩惱，有煩惱就會有抱怨。雖然別人的煩惱不一定是因你而起，但是別人把你當成出氣口，負面的情緒透過抱怨而得到舒緩，你也等於幫了他的忙。

其實當不滿的情緒出現時，可能是別人的問題，也可能是自己的問題，或是大家都沒有問題，只是有人誤傳了一句話，使得別人口出怨言。遇到這種情形，應該設身處地爲他人著想，也爲自己著想，並且做到：一、不要抱怨別人；二、接受別人的抱怨；三、傾聽別人的抱怨。也要像孔子所說的「君子聞過則喜」，不但不要難過，甚至要更歡喜，因爲別人願意向你抱怨，表示對方還看得起你。

另外，有些人一聽到抱怨後，認爲「清者自清，濁者自濁」，便自築高牆，對別人的反應不加理會，這樣反而會激怒對方，以爲你放棄了和他的友好關係，打算絕交。如果到了這個地步，問題就更難化解了。

所以聽到抱怨時，要有適當的處理措施，以免又進一步產生誤解，而且對於輕重不同的抱怨，處理方法也不同。如果聽到的是輕微的抱怨，只要點點頭，表示你知道了就可以了，因爲對方只是希望你聽到這樣的意見而已，不一定要給予任何回應。

至於嚴重的抱怨，則一定要有所回應與處理，如果是對方誤解了，一定要找對方協調、懇談，讓他瞭解事實眞相。如果是對方因爲你的作爲不符合他的期待而產生抱怨，則一定要告訴他，你會努力改善與處理；如果處理的結果還是不能讓對方滿意，也要讓他知道你已經盡力了，你的能力在目前的狀況下，只能如此，希望對方能夠諒解。

如果大家對於抱怨，能用平常心坦然接受，並且妥善處理，就能從中得到成長，而不是傷害了。

白色謊言該不該說？

在一些特殊情況下，人們往往不得不選擇說謊，例如，親人得了絕症，但是爲了怕他驚恐、失去生存的意志，所以安慰他，身體的狀況不過是些小毛病，只要醫治就能痊癒。類似這種「白色謊言」，到底是不是妄語呢？

佛教所說的妄語，可以分爲三類：「大妄語」、「小妄語」和「方便妄語」。「大妄語」是自己尚未證悟卻宣稱已經證悟，尚未成佛就自稱是佛；沒有看到佛菩薩卻說親眼看到；自己不是已經解脫的阿羅漢，但是爲了欺騙信徒，得到信徒的供養和恭敬，妄稱自己是古佛再來、大菩薩化身，或是阿羅漢轉世等，這些都是大妄語，是很嚴重的罪過。

除了大妄語以外，其他的妄語都屬於「小妄語」。小妄語是指自己所說的話不是眞正經歷過、聽到或見到的事；而且這些話說了以後，不但自己得不到利益，還可能損及他人，或是對自己有利，卻造成他人的損失，這種有百害而無一利的妄語，也不應該說。

至於「方便妄語」也就是所謂的白色謊言，本身無傷大雅，也不會傷害別人，甚至對聽話的人來說，反而是一種幫助、一種誘導，讓對方不至於感到難堪，還會覺得很愉快。像是前面提到的，爲了安慰病人所說的謊話，雖然是妄語，只要不過度誇大其辭，還是可以接受的。

方便妄語有時候是有需要說的，例如，有人被歹徒追殺，正好逃到你家裡來，如果歹徒問你有沒有看到這個人，爲了救人，你應該說：「沒有看到。」如果歹徒不相信地說：「我明明看到他逃進你家裡，你怎麼說謊？」這時你就得謹慎回答，一定要想個好方法來幫助受害者，否則他就會有生命危險；在這種緊迫情況下，方便妄語便不得不說。

照道理說，做人應該實話實說，但有時候實話很容易傷人。尤其是家人之間，因爲關係很親密，常常忽略了彼此的基本尊重與禮節，於是見面時便隨口批評：「你怎麼這麼不修邊幅，衣服穿得邋邋遢遢，眞是糟蹋衣服！」或許說的是實話，但聽起來很傷人，所以這種話不要脫口而出，必須視狀況而定。

也有一些人，即使面對素不相識的人也心直口快，已經傷害別人還不自覺，所以說任何話之前，都要謹慎思考。

說話前要先拿捏說話的時機，什麼時機說出來力量最強？是否能幫助對方，或只是徒增對方的煩惱？另外也要考慮，如果現在不說，將來會不會就沒有機會說？以至於對方永遠都不知道要改進。當然，說話也要看對象，要看對方當時的心情如何，如果說了實話以後，會讓他覺得沒面子，以至於怨你一輩子，那麼最好還是不要說。

言語本身並沒有好壞，端看個人的智慧，如果使用得當，可以幫助溝通；反之，則會讓人產生煩惱。

不要讓「重話」變成「惡口」

「惡口」是用惡劣的、惡毒的、不堪入耳的言語侮辱人、傷害人，這種話最好不要說，因爲說出來一定會傷人。

一般說來，當父母、老師在管教孩子時，適時說一些重話，的確能對孩子有所助益。說重話時用比較嚴厲的語調，或者是措詞重一些、音量大一點，不一定就是惡口。可是如果重話變成惡口，就會對孩子造成很大的傷害。例如，有些父母在罵孩子的時候，一急就口不擇言，常常會說：「你去死好了！」這麼說就很不恰當了。

曾經有一位居士的孩子很貪玩、不想讀書，他來問我該怎麼辦，是要打還是要罵呢？我說：「打不得，也罵不得，不過在適當的時候可以適度說些重語。」我也建議他可以告訴孩子：「爸媽沒辦法保護你一輩子，總有一天會先你而死，如果我們今天就死了，留下你一個人要怎麼辦呢？你的未來還是要靠自己努力才行。」如此一來，孩子或許就會有所警惕，知道要奮發圖強。這就是用重語來點醒他。

另外，我認識一個人，他無論如何都不想皈依三寶，但是他既拜佛、學佛，也經常來找我談話，後來我告訴他：「師父年紀大了，將來你要往生時，我可能不在你身邊，如果你現在不皈依，等到我先走一步就來不及了。」於是他開始認眞考慮皈依的事，不再猶豫不決。我當時所說的就是重話，但不是惡口。

此外，罵人的話也不一定就是惡口，只是在罵人時，人們通常都會把音量提高，一不小心就會造成衝突。以我個人來說，因爲大聲說話很費神，所以我不太願意用這種方法，但是必要時也會這麼做，那多半都是在緊急情況下，希望對方提高警覺，認眞接受我的勸告。否則有些人迷糊、散漫，對事情毫不在乎、漠不關心，我和他輕鬆、柔軟地談話，他根本不把我的話當一回事，這時候就要予以當頭棒喝，不但要用重語，甚且要大聲講話。

雖然這種重語、大聲話在必要時可以使用，但還是得看時機，必須恰到好處地用，否則一不小心就可能造成彼此反目成仇，朋友、同事、師生、師徒之間，即使親如父母子女也會決裂，因爲這是「非常道」的手段，就像特效藥一樣，不能隨便亂用，而且「物以稀爲貴」，常用就會失去效果。

平常說話還是要謹慎，要以謙虛、客氣、柔和的態度，多用愛語、柔軟語，多說尊敬、鼓勵、關懷的話，這才是「平常道」。

而不論用的是「平常道」或「非常道」，都可以是智慧語，關鍵就在於說話的人能不能活用。

學習欣賞與讚美

少一分爭奪，多一分和諧

人類的欲求可以分爲兩類，第一類是自私自利的貪求，這種貪求會讓人希望世界上所有的東西、所有的人，都歸自己所有。這種貪得無厭的心，如果不加以調整，很可能會發展到欲無止境、欲壑難塡的地步，尤其是在求取的過程中遇到挫折時，很容易就轉變成瞋恨心，終究會自害害人。

另外一種欲求則是「爭取」，一般人認爲爭取具有積極的意義，如果不爭，反而表示自己缺乏進取心。「爭取」和「爭奪」又不太一樣，爭奪又更進一步，是指透過競爭、搶奪、排擠，將有限的資源納爲己用，或是把原來是別人的東西據爲己有，而不顧他人的利益。例如你我他三個人，都希望得到同一件物品，但是這件物品是不能分割的，最後可能演變成爭奪的局面。例如，聽演講時，最前排的位子有限，只有幾個人可以坐，如果每個人都非要坐這些位置不可，就會互相爭奪。

從某種角度來看，或許有人認爲爭奪是一種鍛鍊。的確，爭奪可能把一個人鍛鍊成強悍的人，就如達爾文所認爲的「物競天擇，適者生存」，透過競爭來去蕪存菁。這種想法似乎不無道理，但未必正確，因爲這會造成人與人之間互相殘殺和鬥爭，付出的代價未免太高。

有句話說：「人爭一口氣，佛爭一炷香。」意思是說，和別人較量時，自己一定要強過別人，但是「人比人氣死人」，所以這種氣是不需要爭的。而且佛是不會去爭香的，因爲，還會有爭奪心，就表示尚未破除自我的執著，佛已經證得諸法皆空，又怎麼會去爭一炷香呢？

從佛教的觀點來看，熱衷於爭奪的人，會失去慈悲心與智慧，因爲，自己想要的，別人可能也想要，當一個人一心只想打倒他人、爭奪成功，就必須使出不得已的手段；而每一次爭奪之後，通常都會接續著更多的爭奪，因爲佔據之後，又怕被別人搶走，以至於患得患失、煩惱不已，爭奪便成了一件痛苦的事。

過去因爲政治因素，有些人被迫要參與鬥爭，我問過這些曾經在鬥爭中勝利的人，鬥勝之後心情如何？他們回答，鬥勝當然很好，問題是，下一次可能就輪到自己被別人鬥，所以常常是在沒有安全感的恐懼中過日子，身心備受煎熬。

另外像武俠小說裡的英雄，爭霸、爭王到最後，還是非得退位不可，有時候甚至因爲驕慢、輕忽，而被打得一敗塗地。所以，不必爲了一時利益去爭一口氣，即使今天贏過別人，並不代表永遠都能立於不敗之地，更何況「長江後浪推前浪」，將來一定還會有年輕人來取代你的位置，爭到最後，還是得告老退休。

競爭雖然有它的道理在，但是爭奪的心總是讓人痛苦。如果能將爭奪的心轉爲一種善的欲求，也就是「發願」——願自己能夠不和別人比較，少一點得失心，多做自利利他的事情。那麼，這樣的欲求就不會痛苦，而會經常處在與人和諧共存的喜悅中。

走自己的路，不必比較

如果我們做任何事，都要和別人較量的話，會是很痛苦的事。不管比高比低、比勝比敗，一旦比較，一定會陷入痛苦中。

記得有一年，奧林匹克運動大會的游泳比賽，有好幾個國家的選手競逐，結果日本選手得到第一名，第二、三名分別是俄羅斯、美國的選手，事後，記者們採訪得到冠軍的日本選手，問他：「你隔壁的水道，一邊是美國人，一邊是俄羅斯人，他們都曾經打破世界紀錄，你知道嗎？」他回答：「不知道。」接下來記者又問：「你知不知道其他選手緊追在後，你一度還被俄羅斯勁敵超越？」結果他還是說「不知道」，他說：「我只管游我自己的，不管是誰在和我比賽，我只是一心一意奮力地往前游去。」

可見，當一個人正在努力時，只要把自己分內的事做好，不需要和別人比較。如果存心和人較量，你可能會想模仿別人的做法，但是只要一模仿，就一定會落後，因爲別人已經先完成了，你隨後跟著做，頂多排行第二名，不可能是第一名。第一名的路一定是自己努力走出來的，無論走得好不好，這條自己走出來的路，一定是屬於自己的。

還有一個故事，是我小時候父親講給我聽的。有一次，我們看到一群鴨子在河裡游泳，父親便問我說：「你看到了嗎？小鴨游出小路，大鴨游出大路，有的鴨子在前面，有的鴨子在後面，但是每一隻鴨子最終都游到河的對岸去了。」這個故事對我的影響很深遠，讓我知道，人與人之間不需要比較，只要努力走出自己的路就好。

在人生的路途上，不管自己的步調如何，只要是自己走出來的路，這條路就是屬於自己的。例如，「心靈環保」這個名詞，雖然是我最先提出來的，可是別人也在做，甚至做得更好，不過我不會和他們比較，而且歡迎他們和我一起來推廣這個理念。所以別人的路我可以走，而我的路也可以讓別人來走。重點是不要互相比較，因爲和別人較勁是件痛苦的事，盡力而爲，絕對是最可靠的行事態度。

不過，較量心也不完全是負面的，例如，凡夫看到佛已經成了佛，或是某些人在修行方面成就很大，既慈悲又有智慧，相較之下，自己卻沒有這些成就，於是生起效尤之心，發願努力精進。所以在修行的道路上，正面的較量，能激發見賢思齊的心。

《金剛經》中談到，以恆河之沙這麼多數量的三千大千世界的七寶來布施，其福德還比不上為他人說四句含有佛法深意的偈子，這種在功德上互相較量，便是「好還要更好」、「精益求精」的意義。另外，佛法也有「四正勤」這個名詞——已修的善要增長，未修的善要修學；已造的惡不要再造，尚未造的惡不可以造，也指出了較量心在修行上正面、積極的意義。

所以，每當我聽說某某法師比我更強，或是某某學者學問比我更好，我不敢有妒嫉、打倒或是要強過他們的念頭，我只會感到慚愧，知道自己必須更加努力。就像我為法鼓山的弟子們所寫的〈四眾佛子共勉語〉中有兩句：「盡心盡力第一，不爭你我多少。」意思是只要努力去做，不要和別人比較，否則不但會傷害別人，也會延遲自己的成長。

學習原諒與寬恕

曾經有一位女士寫信給我，她說自己因爲一時說話不小心，得罪了人，使彼此原本美好的友誼破裂；她已經誠心向對方道歉，卻始終無法獲得原諒。她問我，究竟犯了錯的人該如何取得他人的諒解？又該如何培養寬恕別人的美德？

中國有句話說：「禍從口出，病從口入。」人與人之間透過言語溝通表達，如果用詞不當，小則會爲個人製造敵人、仇人，或是傷害至親好友；大則可能使許多人，甚至全世界的人都受害，就像所謂的：「一言足以興邦，一言足以喪邦。」言語雖然非常好用，但也可能變得很可怕，所以我們必須謹言愼行，要能「話到口邊留半句」，做到「靜坐常思己過，閒談莫論人非」，切忌貪一時之快而口不擇言，說出刺激別人的話。

說話不得當會得罪人，別說是一般泛泛之交，可能連你幫了他一輩子忙的人，都會因此反目成仇，你過去所有給他的好處、對他的愛護剎時間化爲烏有。造成這樣的結果，顯然非常不值得。

這位女士既然造成錯誤，並且已向對方賠不是、求懺悔，對方還是不理睬，那只有讓時間來沖淡，不必急於一時，不求對方馬上諒解。因爲對方正在氣頭上，恐怕很難接受她的道歉，而且對方可能會擔心，如果今天諒解了她，萬一明天她又說了什麼難聽的話，該怎麼辦？所以對方還是選擇躲著妳，以免再受傷害。

我們常說：「遠小人、近君子。」意思就是對於小人應該要有所防備和遠離。既然用話傷人已經成爲事實，自己算是做過一次小人，別人避開自己、不願接納自己，就當是罪有應得的現世報。這時應該好好地懺悔，從此以後不僅不再對同一個人說出傷人的話，對其他的人也都不再說傷害的話，應該常說讚歎、勉勵、安慰、同情的話。

如果眞能做到這樣，便是改過遷善、洗心革面，換上另外一種面貌、態度和心境，和任何人都可以相處得很好。時間一久，那位把你當仇人、寃家的人，從其他人口中聽到有關你的訊息，對你的印象可能會改觀，自然而然心中的仇恨或痛苦就能漸漸地淡化，你可以等到適當的時機，主動問候、關懷對方，如此便能夠坦然地與對方相處。

也許剛開始會有一點不自然的感覺，畢竟當仇人已經當了那麼久，一時間很難再做朋友。這時不要太勉強、不必太心急，還是保持「君子之交淡如水」的風度，必要時再給予讚美、幫助、鼓勵和安慰，藉著雪中送炭的溫馨，還是有可能找回這份友誼。

你可以微笑

根據一份調查報告指出，台灣地區的人民非常容易生氣，百分之五十的人每天都會生氣，百分之六十的人每個星期都會生氣，而他們最常生氣的對象就是自己的家人。

生氣的原因很多，有的是身體上的問題，有的是觀念上的問題，有的是氣候、環境的關係，甚至是他人帶來的煩惱。由此可知，生氣的因素不一定完全由自己控制，也不一定是自己修養不好。

不過，話說回來，如果修養夠好，縱然有各種因素使自己生氣，還是可以用智慧來化解。生氣在表面上是生別人的氣，好像令別人痛苦，但實際上對自己最不好，自己才是最大的輸家。因爲生氣時，心臟跳動得厲害，導致臉紅脖子粗，血液循環和呼吸也會變得不正常，甚至還會分泌腎上腺素，這些因情緒變化造成的生理反應都對身體有害。

有些人認爲生氣也許能控制、威嚇別人，或者讓別人屈服，但這種方法用一、兩次可能有效，經常使用就不靈了。雖然有時候不是眞正動肝火的生氣，而只是一種表達方式；但如果是打從內心產生要對付、征服、壓制別人的想法，那就需要反省檢討了。

有些人因爲無法壓制怒氣，就以爲生氣是正常的，還理直氣壯地說：「任誰都會生氣！」所以既沒有想過要讓自己不生氣，也認爲不生氣才是難過的事。在這種放任的心理下，便漸漸養成易怒的習性。一旦生起氣來，臉色就很難看，讓人一看就害怕，只好勉爲其難的讓他三分；雖然生氣可能讓他佔到一點便宜，卻失去了友誼、健康與平靜的心，損失最大的其實是自己。

例如，夫妻或朋友之間的吵架，如果一方先吵，另一方可能會吵得更兇、聲音更大，往往鬧到拳腳相向、不可收拾的地步。或是像媒體經常報導一言不合就把對方打死的新聞，甚至只因爲瞪了對方一眼就被殺死，這些殺人的人，始料未及自己會氣憤到動手殺人，他們大多是一時衝動，控制不了自己而鑄下大錯。

既然生氣不是解決問題的根本方法，反而會讓事情變得更糟，那麼學習控制自己的心理狀態，便是生活中必要的情緒管理。從佛法的觀點來看，可以試著從兩方面來改善：一是觀念的調整，另一是方法的輔助。

所謂觀念的調整，是以「因緣觀」來觀照自己。透過觀照來覺知：生氣的對象不一定是值得生氣的，生氣的事不一定是需要生氣的，解決問題也不一定非生氣不可，生氣通常只會讓情況更糟。如果能夠明白，讓你生氣的人與事都不過是因緣假合，並不會永遠存在，你就不會再生氣了。

在方法方面，當你感覺到快要生氣時，可以立刻將注意力轉移到鼻孔的呼吸，感覺、體驗、享受自己的呼吸，漸漸地，心情就會平靜下來，不再那麼氣憤。

你也可以試著這樣想：「可能是對方有意要惹我生氣，希望我發脾氣讓自己痛苦，所以千萬不要上當。」既然不願上當，就要一笑置之，這樣就不會氣壞自己。

嫉妒有害而無益

當別人表現得比你好時，如果心裡感到很不舒服，那就是嫉妒心在起作用了。凡是人類都會有這種習慣性的嫉妒反應，即使是動物也不例外。產生嫉妒心的原因，也許是因爲貪心，想要擁有更多；也許是得不到他人所擁有的，便嫉妒別人；甚至是天性本來如此，只是習慣性的反應，沒有其他原因。

人在無法獨佔、必須和他人分享的情況下，最容易表現出嫉妒心。例如三歲的小孩不用人教，自然而然就會嫉妒剛出生的小弟弟。當媽媽抱起弟弟時，他就會生氣，因爲他覺得媽媽應該百分之百屬於自己，弟弟不應該霸佔媽媽對他的愛，所以便很討厭弟弟。他並不知道這種心態是嫉妒，只知道：「我的媽媽怎麼變成弟弟的了？」這就是一種天生的嫉妒習性。

嫉妒心有好有壞，就好的方面來說，它是一種向上的驅動力。當你嫉妒別人的學問淵博，覺得不如人時，便會想盡辦法充實自己，多方面的加強學習，這種嫉妒能促進人的成長，所以是有益的。

但是，一般人很少善用這種有益的嫉妒心，而是放任自己的嫉妒做出種種對人不利的言行舉止。俗話說「妒火中燒」，嫉妒就像一把火，燒得人體無完膚、痛苦不堪。當一個人產生「爲什麼他能得到，我卻得不到？」的想法時，就會處心積慮地想壓倒對方；如果贏不過，就會轉變成仇恨心，這是非常可怕的。

其實嫉妒他人是最不值得的，因爲痛苦的只有自己，而且萬一被對方知道你是個善妒的人，便會對你敬而遠之，這樣一來，你就會失去朋友。

人的外表或許可以靠打扮裝飾，可是醜陋的心態卻難以僞裝，嫉妒的心隱藏在幽暗處不見天日，整個人就不會開朗。而且因爲嫉妒心是扭曲的，所以眼中看到的世界也是扭曲的，事實的眞相被扭曲後，你便無法正直、正確的處理事情。所以，當我們看到別人的表現比自己優秀時，心量要寬大，不要只是羨慕，還要有讚賞的美德。

感同身受，化解嫉妒心

「恭喜你啊！真是了不起，身爲你的朋友，我也覺得與有榮焉。」當好事發生在別人身上時，你嘴裡這麼說，但心中可能還是會覺得不是滋味，心裡想著爲什麼發生好事的不是自己？雖然不舒服的感覺非常輕微，但此時嫉妒心已悄悄升起。

其實，我們隨時隨地都可能產生嫉妒心，只是很少覺察罷了。事實上除了聖人能夠無時無刻保持心理平衡外，一般人或多或少都有過這種淡淡的酸葡萄心理。

嫉妒別人的滋味委實難受，有的人雖然心裡明白，自己永遠不可能得到對方的成果和美譽，但是嘴巴上卻不饒人：「他有什麼了不起？還不是因爲背景好、關係好，從小時候開始，父母就全力栽培他。」自己得不到就放不下心，心裡好像有一股酸酸的味道，這便是嫉妒心。

有些陞官的人也會受到嫉妒，說他們的位子完全是靠拍馬屁得來的。但事實並非一定如此，即使眞如你所認爲的，那麼也該深入想一想，爲什麼他拍馬屁成功了，而你沒有？爲什麼他有這麼好的家庭背景，而你沒有？爲什麼他受到這麼多貴人的幫助，而你沒有？

曾經有一位先生告訴我，他的老闆有一次問他某位同事的人品如何。他猜想老闆的用意可能是要提拔那位同事，雖然他心裡很想回答：「這位同事很優秀，不但工作認眞盡責，平常對人也非常熱心。」但是念頭一轉，唯恐一旦這麼說，老闆心裡可能就只有那位同事，而沒有自己了，於是便改口說：「他表面上是不錯，但是有些同事對他的印象不太好，至於我個人倒覺得他非常好。只是他有時候會嫉妒我，表示他可能在人格上有一點缺陷。」如此一來，老闆心裡就有數了，結果最後陞官的反而是他的同事，並不是他。

老闆只是要試探這位先生的心量大不大，因爲這項職務相當重要，老闆想要任用的，是一個心胸開闊，能夠容納且讚美別人的人。如果當時他讚美那位同事，陞官的可能就是他了。可是這位先生的回答，恰好顯示出他心胸狹小，不夠資格擔任這項職務，等於是把機會拱手讓人。由此可見，妒嫉別人有時候會適得其反，到最後倒楣、受害的還是自己。

當察覺自己的嫉妒心出現時，要提高警覺，馬上把念頭轉過來，用「感同身受」的方法化解嫉妒心，學習著當別人得到讚美，等於是自己得到讚美，心裡就會感到歡喜。

讚歎人、成就人都是好事，就算幫別人抬轎子又何妨？俗話說：「送佛送到西天。」自己雖然沒有成佛，可是送一尊佛到西天，讓別人先成佛，自己的功德也很大，一樣令人喜悅。就像雖然不是自己得獎，但是隊友得獎，就是整個團隊的光榮，自己當然也一起沾光。如果能以這種心態來待人處事，經常讚美別人的長處，並向對方學習，自己就能不斷進步，而不會有嫉妒心了。

如何消除嫉妒心

有些人看到別人得到榮譽、好處或利益，表面上也許會說些讚美的話，但是內心卻不服氣；也有些人會對他人的成就抱持「沒什麼了不起」的想法，這種微妙的心理狀態就是嫉妒。嫉妒普遍存於人性之中，即使有修行的人，還是會有嫉妒心理，只是程度深淺不同而已。

嫉妒心會讓人迷惑，喪失看清自己的機會，也會使得好事多磨，產生很多阻礙，這和自私自利、爭名奪利的情況很類似——自己得不到的，別人也休想得到。例如，有一位男士拚命追求一位美麗的小姐，但是這位小姐已經有男朋友，所以始終沒有回應。這位男士追求不成，便想破壞她所擁有的幸福，像這種報復的心態就是嫉妒所造成的。又例如，原本可以心情愉快地做事，卻因為心理作祟，一想到自己所嫉妒的人，心裡便浮現許多批判的字眼，使自己煩惱不已，以至於什麼事都做不下去，久而久之，這種情緒便會累積轉化成怨氣。

就佛法的觀點來說，嫉妒是非常嚴重的煩惱心，它與瞋恨心有關係。佛法所說的三毒一般是指「貪、瞋、癡」，但也有一些經論說是「貪欲、嫉妒、邪見」，後者以嫉妒代替了瞋恨，可見，嫉妒心、瞋恨心屬於同一層次、同一性質，同樣都會害人害己。

人人都有嫉妒心，佛法甚至認爲它是根本煩惱之一，學習如何放下嫉妒心，便是我們每一個人的功課。

避免嫉妒是雙向的，一方面不要嫉妒別人，另一方面也不要引起別人的嫉妒。方法可以效法〈普賢菩薩行願品〉十大願中的第五願——隨喜功德，也就是對於別人所得到的利益、所做的好事，要感同身受的隨喜、讚歎；其次，也要將所有榮譽歸諸於大眾，而不是歸功於自己一人。

記得有一次，我獲得一個公益基金會頒發的愛心獎，當時一共有十個人受獎。在頒獎典禮上，我發表感言說，我得到愛心獎，並不表示社會上有愛心的只有十個人，我們這十個人只是比較具有代表性而已，同時我們

外，難道眞的是老天瞎了眼嗎？有這種怨言的人，總認爲政府制度、社會環境、親戚朋友等，都和自己唱反調，好像千錯萬錯都是別人的錯。這種不平衡的心態，就是怨恨產生的原因，也會造成自身的痛苦與不幸。

有人認爲「情到深處無怨尤」，關係親密的人理應相親相愛，不至於互相怨恨。可是從現實生活看來，親人間的接觸愈頻繁，產生的利害衝突與感情矛盾就愈多，如果不懂得化解之道，怨恨就會愈積愈深。有時候對外人產生怨恨的機會比較少，反而是對關係親密的家族、親人，怨恨比較多。例如，大多數的母親都是以平等心對待自己的小孩，可是只要對這個稍微好一點，另外一個就會吃味，覺得沒有得到應得的照顧，認爲父母不公平，當孩子心理不平衡時，就會產生怨恨。

俗話說：「不是冤家不聚頭。」有些人不也暱稱自己的情人爲「小冤家」嗎？這種「歡喜冤家」的聚合，正說明了怨恨與恩愛之間，是糾纏不清、曖昧模糊的。這一生和我們相聚的人，彼此之間做親家也好，做冤家也罷，都是有恩有怨，不容易分別清楚，但是大體說來，通常是結怨的比較多，結恩的比較少，所以下輩子還會繼續來做彼此的親人或冤家。

西方有句諺語說：「當你怨恨一個人的時候，你就成了他的奴隸。」人與人相處，當然最好能結恩不結怨。結恩不結怨的家庭、團體、社會，一定都能相處和諧、生活愉快，否則，只記怨而不記恩，彼此相處不會愉快，而變成一種折磨。

所以，在面對任何人、事狀況時，心中只有包容，沒有敵人，只有慈悲，沒有怨恨，內心平安寧靜，就能達到自安而安人的目的。

用感恩的心消除怨恨

有一句話說「恩將仇報」，一般人往往記怨不記恩，能夠記住的恩情總是比怨恨來得少，就如俗諺所說：「人心不足蛇吞象。」別人對你好一點，你會希望他能對你更好一些；或是別人已經借你錢，卻還覺得不夠多，反過來嫌別人小氣。

如果有這種想法，便是不知感恩圖報的人，只希望別人付出，不想回饋，而且還貪求無厭。不僅怨恨不給自己好處的人，甚至也會怨恨幫助過自己的人，而不知道感恩。這種心態多半認爲，別人對你的照顧是應該的，所以父母、兄弟姊妹對你好也是理所當然的，甚至認爲別人幫助你可以得到快樂，所以他們對你好也是正常的。以至於一旦別人的態度稍微不好，就心生怨恨。

一個不懂感恩的人，對世界上任何人、任何事都會怨恨。晴天時他會埋怨：「太陽這麼大，是不是要熱死我，為什麼不是雨天呢？」雨天時則又發牢騷：「這麼冷，怎麼不出太陽呢？」即使四季如春，還是會埋怨節氣不分明。這種人對天氣、對環境、對人都不滿意，在這個世界上，好像沒有一個人、一件事是他需要感激的，總是處在怨恨的情緒之中。

所以，忘恩負義的人永遠不會滿足，永遠都在怨恨別人。因此，我們應該盡量避免怨恨心生起；怨恨心生起以後，也要想方法予以化解，才不會影響內心的平靜。

消除怨恨最佳的方法，就是多從感恩的角度來看人和事。人不可能離開萬物獨自生存，因此生活在天地之間，包括吃一口飯、喝一口水，甚至於呼吸一口空氣，都要感恩。能夠如此，怨恨心就會減少，甚至於冰消瓦解。

一個人滿不滿足、快不快樂，並不在於他擁有多少，或是別人如何對待他，關鍵在於自己心裡的感覺，以及看待事情的角度。佛經說：「心生，則種種法生；心滅，則種種法滅。」世間萬法都是由心念所產生的，如果我們能感恩、知足，生活就會滿足。即使已經一無所有，但如果對喝一口水、吃一口飯，甚至呼吸一口空氣，都覺得滿意，認爲應該感謝的話，便能天天都活在快樂的世界裡了。

學習慈悲與包容

如何和不喜歡的人相處

中國人常說的「人緣」，日本話稱爲「人氣」。例如，有的明星在戲裡的演出不一定很出色，但是他有某種特質，無形中會吸引許多影迷，很受大家歡迎；有的明星則沒有這種特質，但他的戲演得好、歌唱得好，所以還是會有許多戲迷、歌迷支持他，這是因爲他透過美妙的歌聲、精湛的演技，或是他的看法、想法與大家結緣，所以大家都喜歡他。

像我透過寫作、演講，也和很多人結了緣，因此我走在路上時，很多人見到我就會說：「你是聖嚴法師嗎？我看過你的書。」我雖然不是直接與讀者面對面，而是間接透過書本作媒介，也算是與大家結緣。

從佛教的觀點來看，這就是「緣」。如果結的緣是好緣，別人自然會主動親近你，喜歡和你做朋友；如果結的緣是惡緣，別人就會討厭你，不願意和你合作。所以，如果大家都不喜歡你，或許就表示你平時不願與人結善緣。

彼此有緣的人相處在一起，必然感到親切、歡喜；遇到和自己無緣的人，光看對方的模樣就覺得討厭，他的一舉一動，都讓你不順眼、不喜歡，甚至連髮型和動作都可以嫌棄。

其實問題並不一定出在對方身上，因爲喜歡或討厭是主觀的感受，有些可能是你自己從小養成的觀念，有些則可能是過去的經驗在腦海裡留下的印象。例如，看到三角臉的人，就聯想到毒蛇的頭是三角形的，覺得很可怕；看到瘦長的臉又聯想到馬臉，覺得很難看；看到圓形臉，又認爲是燒餅臉，不雅觀，無論看到哪一種臉型，都一樣有意見。又或者，某類型的人曾經在某個機緣下，帶給你很不舒服的感覺，從此以後，看到這類型的人你就覺得反感。

由此可見，喜歡或不喜歡，可能起因於自己在過往的經驗中，在某一時刻停駐過心頭的記憶，也可能是過去世所帶來的好惡，以至於見到某類型的人、聞到某種味道、聽到某種聲音，都會產生自然的心理反射作用。

所以，如果某個人讓你覺得很討厭，可能是你過去世沒有和他結善緣，或根本結的就是惡緣；也可能是你在這一生中，沒有意願要與這類型的人結緣。但是，你討厭的人未必會眞的對你造成不好的影響，那只是你主觀意識在作祟，導致你排斥、不願接觸對方；如果對方也有同樣的回應，就會造成互相敵對的局面，漸漸地，自己就變得沒有人緣了。

當我們遇到不喜歡的人時，不妨這麼想，就是因爲自己前世沒有和對方結善緣，所以這一生他老是來煩你、整你、讓你難過，但這些困擾可以讓你有更多磨練的機會、成長的空間，你反而應該感謝他。即使你善待對方，對方還是對你不好，你仍舊要繼續與他結善緣，因爲既然過去未曾與他結好緣，此生更應該與他結善緣。如果能有這種觀念，即使見到自己不喜歡的人，也會覺得對方是來成就自己的菩薩。

所以，如果別人對你不好，你仍然要善待他；如果別人傷害你，你仍然要一本初衷地照顧他；如果別人欺負你，你應該要原諒他，這就是「廣結善緣」。如此堅持下去，別人便會逐漸被你的態度所轉變。

也許此生你一直付出，都得不到對方正面的回應，但還是要繼續和他結善緣，這種緣叫「來生緣」。畢竟連草木、動物都有感情，更何況是人呢？只要心存善念不斷地付出，對方一定會轉變，即使今生不轉變，來生也會轉變。所以，只要抱持著與他人結「來生緣」的信念，便不會覺得和自己不喜歡的人相處是件苦差事了。

卸除心防，從轉化煩惱開始

現代房屋的鐵窗與圍牆愈築愈高、愈做愈牢；人與人之間的心牆，也跟著愈築愈高。所謂的心牆，就是人與人之間的隔閡，以致彼此不能坦誠相待，這都是由每個人自己心中的煩惱所引起的。

其實不只現代人如此，過去的人也一樣。路不拾遺的時代，在歷史上很少出現過；人與人之間彼此以愛相待、以誠相交的時代也不多，尤其一旦遇上亂世，爲了防範他人突然來犯，大家更是會把自己的心保持在封閉的狀態，更是會說：「害人之心不可有，防人之心不可無。」

但究竟要防些什麼呢？如果防的是賊，那麼賊從哪裡來？誰又是賊呢？其實賊的意思就是會侵犯你、讓你蒙受損失的人，但如果眞有這樣的人存在，或許連家裡的兄弟姊妹都有可能是賊，根本防不勝防；而且爲了防範，人與人之間的距離一定會愈來愈遠。

之所以會把別人當作賊來看，其實是爲了保護自己，不僅害怕自己受傷害，也不願意把自己奉獻給別人，這是一種自私的態度，也是煩惱滋生的根源。所以，要把這一道道的心牆拆除、把內在的心賊消弭，讓彼此坦誠相待，就必須從消除自己的煩惱著手。

佛法中有五個關於煩惱的名詞：貪、瞋、癡、慢、疑，也就是貪欲、瞋恨、愚癡、驕傲及懷疑。如果能少一分貪欲，就能多一分慈悲心；少一分瞋恨，就能多一分寬諒心；少一分愚癡，就能多一分智慧心；少一分驕傲，就能多一分謙虛心；少一分懷疑，就能多一分對別人的信任。

倘若能把這五種煩惱心轉化爲慈悲、智慧的心，心中所設想的賊自然無所遁形，也就可以拆掉心牆、卸除心防。如此一來，人與人之間就會產生默契、形成共識，既不用擔心自己會遭受排斥、受欺壓，當然也不需要防賊了。

我常說：「人人都是好人，沒有壞人。」但是要對所有人都完全不設防是很困難的，因爲要和陌生人產生默契並不容易，而且有時候好人也會做壞事。不過，如果你無時無刻都在防著別人，別人自然也會處處防著你，彼此之間的隔閡就會愈來愈深，所以，防人之心固然要有，但不必把所有人都當作壞人看待，只要用誠懇、親切的態度，以人的本質來對待每個人，把每個人基本上都視爲好人，就能和別人建立友好的關係。

不過，即使自己不對別人設防，別人可能還是會拒你於千里之外，此時心裡不要記恨對方拒絕你，應該想到對方可能是受過太多傷害，因爲害怕再度受傷，才會和你保持距離；所以要諒解他，因爲他很值得同情，也需要你對他付出關懷。如果能像這樣多爲別人著想，人與人之間的距離就會縮短，就不會感到那麼恐懼、害怕了。

所以，如果想要讓自己生活在平安、愉快的環境裡，就要轉化心中的五種煩惱心，多和外界接觸，廣結善緣；人際互動間只要懂得尊重別人，並付出關懷、諒解和慈悲，自己的心防就不會太過嚴備，人與人之間也不會日漸疏遠，如此就能與人建立起眞誠的友誼。

別當狡猾的人

許多人認爲，做人應該內方外圓，但圓也應該要有不變的原則，如果圓得沒有原則、沒有範圍，就會變得狡猾。

一般人認爲狡猾和妄語、虛僞一樣，可是妄語是爲了達成欺騙的目的，不擇手段地用語言、動作來騙人，虛僞則是讓你誤以爲他所說的假話是眞的。狡猾雖然讓人感到模稜兩可，難以明白他眞正的用意，甚至因此受騙上當，可是它畢竟還有眞的成份，所以和妄語、虛僞還是有程度上的差別。

一個狡猾的人，他的個性是非常滑溜，而且行事模稜兩可，讓人很難捉摸出他眞正的意思。

和狡猾的人相處，常讓人覺得頭疼，因爲他總是捉摸不定。當你問他意見時，他不見得會告訴你眞正的想法，例如，你問他：「紅的好還是黃的好？」他會反問你：「你看呢？」如果你說是黃的，他大概也會說是黃的；如果你說是紅的，他大概也會說是紅的。所以，狡猾的人即使幫你出主意，也是揣摩著你的意思，順著你的意思來說。

你摸不清他究竟有什麼用意，但他很清楚，這一切都是爲了維護他個人的利益與立場，於是這樣說、那樣說，樣樣都說得合乎你的心意，讓你察覺不出他背後眞正的目的。但是實質上的內容，以及最後的結果，可能不但不是你要的，還會讓你蒙受損失。

狡猾的人甚至會在背後唆使人，設計讓別人做壞人，只求自己穩若泰山，無視於別人的損失。雖然他可能沒有傷害別人的意思，但是爲了自己的利益，實際上已讓別人蒙受損失了。

狡猾的人看起來很聰明，其實是小聰明、鬼聰明；自以爲很聰明，把別人都當成傻瓜，以爲躲起來讓別人抓不到就沒事。其實狡猾的人一眼就可以認出來，例如，上海人稱狡猾的人爲「小滑頭」，就是因爲他們的性格滑溜溜的，從動作、語言上自然會流露出輕浮和不眞實的感覺，讓人一看就知道是假的。

這種人就算刻意掩飾，也掩飾不了多久，因爲狡猾和欺騙一樣，次數一多，一定會原形畢露，到最後別人還是會遠離他。因爲大家都怕狡猾的人沒有信用，又捉摸不定；既然他是這麼的不可靠，好事自然都輪不到他，也沒有人敢和他交朋友。

常言說「狡兔有三窟」，兔子爲了保護自己，所以預備了三個洞口，當一個洞口被塞住時，牠還可以從另一個逃出來。爲了保護自己、提防他人，有時確實有此需要，但如果對任何人都採取這樣的態度，結果可能是自己最倒楣。

這就好比你有三個家，也對別人說到任何一個家都能夠找到你，但結果三個地方都找不到；對方撲空幾次以後，對你不再信任，從此以後就不會再找你了。原本是想保護自己，結果想傷害你的人固然傷害不到你，但是想要幫助你的人，也無法幫助你了，到最後甚至連朋友也會交不到，所以狡猾並不是一件好事。

社會上大多數的人都是誠實的，因爲狡猾對自己沒什麼好處。一旦狡猾成習慣就會變成自己的性格，很容易讓別人發現，最後便宜沒有佔到，吃虧的還是自己。

想要袪除狡猾的性格，最重要的就是學著誠懇實在。學著說實話，而且表情要穩重，不要虛浮，如果能做到這樣，就能改變狡猾的習性。當然，有些人已經狡猾成性，那就要多花一點決心、多花一點時間，才能慢慢袪除這種性格。

遠離兩面人

所謂的兩面人，就是在別人面前是一種樣子，在背後又是另外一種樣子。例如，見面時打躬作揖、稱兄道弟，甚至親熱地叫對方叔叔、伯伯、奶奶，但背地裡卻批評、辱罵對方，這就是標準的兩面人。他用虛僞的心來待人，是一種表演或假裝出來的態度。

有時候別人刻意虛情假意，我們是很難察覺的，只覺得對方對自己很禮貌、尊敬。但如果對方過於客氣，就該懷疑對方是否虛假，因爲兩面人爲了達成目的，什麼好話都會說，這種刻意的虛情假意一定是有目的。只要是不實在、不恰當的恭敬和禮貌，就是一種虛禮。其實，只要小心觀察、傾聽，並不難判斷出眞僞：對方如果是陌生人，自然沒有理由對我們這麼讚賞；如果是相處了很久的熟人，那就會知道這個人的習性原本就是比較虛僞。

多年前曾有一位先生帶著他的母親來看我，一見面就講了許多過度客氣的話，企圖讓我以爲他是個很有教養、很有地位，而且很有錢的人。但是，他表現得實在太過份了，客氣得異常，讓我警覺到這個人是否另有目的，於是開門見山的問他：「請問你們希望從我這裡得到什麼東西？」他一聽，馬上就知道找錯了人，趕緊換了個神色，說：「對不起，我們沒有要做什麼。」要不是他刻意的表現，我其實也不會懷疑他的身分，甚至懷疑兩人的母子關係可能也是假的。

我也曾經遇到一個人，無論見到什麼人都用尊稱稱呼對方，即使是年紀很小的小女孩，他也稱她爲大小姐、貴千金，非常客氣，但是對有些人或在某些場合，並不適合這樣稱呼，反而讓人覺得很虛假、肉麻，很不舒服。不過這種虛情假意只是他個人的習慣，並沒有什麼特別目的，所以對別人不會造成大礙。

雖然不會對人造成大礙，但花言巧語、巧言令色，畢竟不是一個好習慣，應該試著多講眞話、多講肺腑之言，盡量讓自己講出來的話和內心的想法一致。但人往往習慣虛僞以後，就很難矯正，非得受到慘痛的教訓時，才會改正過來。

其實，只要是虛僞的人，內心都會有掙扎和痛苦。除非已經虛僞成性，不但不覺得自己虛僞，內心也不會感到痛苦，但他的表現仍會讓別人覺得虛僞。

當我們面對虛僞的人，最好稍微保持一點距離，因爲距離太近時，你可能會受到傷害。可能的話，也可以適時提醒他：「不需要用這種表演性的態度、語言，因爲對我來說並沒有用處。」如果對方不聽勸，那還是遠離他吧！

好人比較吃虧嗎？

俗話說：「人善被人欺，馬善被人騎。」意思是說，善良的人比較容易吃虧。

以我自己來說，我也比較喜歡麻煩好人，在我周遭的人，不管是出家或在家的弟子，只要是比較願意接受忠告、比較容易聽懂我說話的人，我就會常常麻煩他們，請他們幫我做事。

這是因爲好人比較容易受教，我可以在人後批評他，甚至在人前也可以當面指正，聽到我罵他，他不但不會氣我，還會很感激，因爲他覺得被罵得很好、切中要害。

例如，我曾經罵一對夫婦愚癡，罵完之後，他們立刻雙雙感激地說：「感謝師父。」不過，在我不瞭解他們的狀況之前，也不敢隨便罵。我是在他們坦誠告訴我實際情況，也表示極需我的指點，而且我也清楚他們的需要與接受度後，才痛罵他們一頓。因為此時用軟語勸慰已經沒有用了，必須下猛藥才能把他們罵醒。像這樣的人，罵對他們是有用的，他們被罵過之後，人生開始有了轉變，不再沉溺在痛苦中自怨自艾。但是，像這樣願意受教的人是很難見到的。

如果是比較不受教的人就大不相同了，不但在人前不能指責他，就算單獨和他談話時，也不能罵他，因為他不但不會接受意見，可能還會恨你一輩子。所以，我不但不能罵他，還要請求他。遇到這種人，我就要說好話、採取低姿勢，常常要說：「對不起！」他才會覺得：「師父都已經認錯了，我應該可憐師父，就勉強接受他的意見吧！」

像這樣的人，勸都勸不動、求都求不了，我也不敢和他溝通，一旦見面，只能說些無關痛癢的話，像是：「阿彌陀佛，你好嗎？」或是說：「你真好！」因為如果直接告訴他：「你這樣做可能會有問題吧？」他馬上會回嘴說：「我沒有問題。」或者你好心勸告他：「你這樣子做不行。」他也會理直氣壯的說：「有什麼不行！是別人有問題，我沒有問題。」面對這種情況，我只能說：「是！你是對的，錯在別人不在你，我們大家一起想辦法來改善吧！」

照這麼來看，好人好像比較常被麻煩，還比較容易被指責，這是不是就表示當好人比較吃虧呢？

其實，不喜歡被麻煩、不接受指責的人，無法得到眞正的利益，才是眞正的吃虧，他們得到的只是一時虛榮的尊嚴，並不是眞正的自尊心。對我來說，這種人無所謂好壞，但是對他自己而言，卻是件壞事，因爲他是自找麻煩、自己害自己，甚至一輩子都沒有轉變的希望。

所以，如果你經常讓別人一看就害怕，和別人講話時，別人也不敢回你的嘴，那你就應該反省自己是否像個惡人。因爲當別人都不敢和你接觸，你就很難從別人那裡得到正面的建議。

相反的，如果你經常被別人欺負，也應該了了分明自己被欺負的原因。如果是莫名其妙地被欺負，或是不知道自己被欺負了，甚至連欺負你的人也不知道他在欺負你，那你就太愚蠢了！可是如果別人麻煩你，麻煩得有道理，而你自己也心甘情願地付出，那可說就是一位菩薩行者了。

總之，能夠虛心接受別人的警告、責罵，是一種優點。正如孔子所說：「聞過則喜，有則改之，無則嘉勉。」對於別人的批評，無論好或不好，我們都應該感謝，因爲那是促使我們成長的動力。

如何幫助自卑的人

自卑的人除了會帶給自己煩惱，往往也會有自大的心態。因爲自卑的人，會自認地位、才能、聲望處處都比不上別人，因此缺乏安全感；在沒有安全感的基礎下，會想盡辦法、不擇手段，以證明自己存在的價值，其結果就會自傷傷人。

因此，自卑的人多半同時會有驕傲的傾向，這兩種狀態總是伴隨著出現，原因在於他覺得自己不行，可是又希望讓別人以爲他很行。這就像火雞一樣，當牠要和另外一隻雞打鬥的時候，身上的羽毛會瞬間張開來，以表示牠很有看頭、很有力量，好讓對方以爲牠是龐大、不容小覷——這就像是人的自卑感在作祟一樣。

自卑的人內心其實非常痛苦，一方面覺得自己不如別人，另一方面又要打腫臉充胖子給別人看。把臉打腫是很痛的，但他卻寧願用這種方式來僞裝，而且當一個人太過強勢，到最後一定會造成別人的痛苦，佛教形容這種人是「卑劣慢」。

所謂「卑劣慢」的意思就是，明明知道自己辦不到，卻說別人沒什麼了不起。例如，別人坐車，你騎腳踏車，便覺得坐車也沒什麼了不起，這種想法有點類似酸葡萄心理，雖然暫時能讓自己得到很大的滿足與安慰，但其實是自卑心理在作祟。

自卑的人總是特別敏感，也很容易受傷，別人只要隨口說幾句話，他可能就懷疑是不是在講他。所以，和自卑的人相處，要特別留意他內心的感受，如果進一步想要幫助自卑的人，就不能讓他覺得自己很差勁，要欣賞他、讚美他，做他的朋友。

而且既然知道對方自卑，就要諒解他，對他慈悲。例如，把自己擺在和他相同的位置，不要表現出你很厲害的樣子，甚至要更加倍尊重他，強調自己是很普通的，讓他覺得你並不特別。因爲他本來就認爲其他人都沒什麼了不起，所以當你說：「我沒什麼了不起」時，你的想法就會和他一致，而能建立起友好的基礎。總而言之，慈悲、讚歎、勉勵，是對待自卑的人最好的方法。

其實自卑的人也有優點值得學習，如果能夠尊重他，並適時讚歎他的優點，就能給他很大的安全感。例如，可以勸勉他說：「你有你的專長、能力，你可以發揮自己的優點，將來一定會有不錯的發展！」用這樣溫暖的話語來勉勵自卑的人，一方面他會學習尊重他人，另一方面會嘗試改變自己，自卑感便會愈來愈輕微。

但是僅僅如此並非長久之計，因爲這麼做雖然能讓他暫時遠離自卑感，可是一旦失去溫暖的鼓勵，還是會故態復萌，而一直處在自卑的心態中，卻不自知。所以應該再進一步，幫助他認識自己，讓他勇敢面對自己，才能徹底克服自卑的心態。

不只關懷，更要包容

「關懷」與「包容」很類似，但兩者之間仍有很大的不同。「關懷」是指單向對別人付出關心，不一定能夠包容；如果能進一步把心胸敞開、接受他人，才是「包容」。

包容，就是要爲對方著想，設身處地的將他人當成自己來看待，也就是感同身受：當別人成功時，等於我自己成功，我願意爲他讚歎、欣賞、歡喜；當別人誤會、批評、打擊、折磨我，使我感到非常痛苦時，不但要諒解他，還要進一步爲他設想。

我們也不妨設身處地爲別人著想：「他爲什麼會打擊我、批評我呢？」可能他有他的立場、有他的原因，如果這些原因消失了，或許他便不會站在這樣的立場，也不會再這樣對付我了。例如，狗一定是爲主人效忠的，所以狗在主人面前咬別人、吠別人時，都應該被諒解，因爲牠是不得已的，牠一定要與主人站在同一陣線上。狗為了保護主人而吠人，並不表示這隻狗是可惡的，而是牠所站立場的緣故。

包容可以分成三個層次：

第一個層次，別人並沒有打擊或傷害你，只是對方能力比較強，如果你能欣賞他的長處，眞心讚歎、尊敬對方，那就是包容。所謂「見賢思齊」，如果眞能如此，你將來也會成為一個賢者。

第二個層次，對方站在敵對的立場，用明槍暗箭等方式來對付你，在這種情形下，要包容他自然比第一個層次還難。

第三個層次是最困難的。你對他無微不至地關心，但是他不僅不知感恩圖報，還恩將仇報，在這種情形下還要包容對方，那的確是難上加難的事。

一般人大多只能做到第一個層次，第二個層次大概就很不容易了，更何況第三個層次。所以，眞正的包容是相當不容易的，內心要接納一個異己，就像眼裡要容下一粒砂子般困難。所謂異己，就是立場與自己不同的人，或是競爭者。

一般人在彼此對立的情況下，或是遇到比自己更強勁的對手時，就算對方不一定會打擊你，你也會因爲對方讓自己相形遜色，而有妒嫉、打擊、中傷對方等排拒的反應。其實，如果能尊重、讚歎對方，反而能表現出「英雄惜英雄」的度量；只不過，要做到這樣相當不簡單。

包容雖然很難做到，但是包容對於淨化心靈非常重要，如果能夠包容他人，心量便能無限寬廣，不再以自己的利益爲主要考量。如果凡事都能爲他人設想，自我中心就會少一點，也會少一點痛苦、少一點煩惱。所以，包容心不但是一種修養，對自己來說，也是一種智慧，更是一種享受。

要包容不要包庇

包容別人不容易，需要有耐心，因爲當我們受到打擊或是批評時，往往會覺得豈有此理而憤憤不平。如果對方還是你的親人、好友或多年的夥伴，那更是讓人無法接受。不過，即使在這種情形下，我們還是要容忍。

容忍是包容的一部分，意思就是接受他，而且是不斷的接受他，如果對方還是繼續對付你、打擊你，你仍然要繼續接受他。所以，容忍是世界上最難做到的事，但適度的容忍既能保護你，也能保護他人，不但你不會因此而被對方傷害或犧牲，同時又能避免讓對方做出傷害人的事，將來對方是會感謝你的。

就像刀砍在石頭上，石頭可能會被刀砍出缺口，可是如果砍在非常柔軟的棉花上，或是其他有彈性的物體上，物體表面不會受傷，刀也不會損壞，這就是以「柔」來容受對方失衡的行爲，或反常的打擊。

「柔」有兩種方法，一種是迴轉，另一種是退讓。例如，當別人要打你一拳時，你可以轉個身或是退讓一步，讓對方打不到。但這些工夫是需要練習的，就像打太極拳時，別人攻擊你，如果你能四兩撥千斤，就不需要正面與對方衝突，也不會被打得遍體鱗傷。

所以，遭受別人攻擊時，要先忍耐，不要立刻反擊，最好迴避一下，讓他轉移注意力，然後再想辦法解決。你可以另外再找機會處理，或是讓他察覺自己的行爲是錯的，經由時空的隔離，事過境遷，或許就有轉變的機會，雙方甚至可以化敵爲友。

「所謂化敵爲友」的「化」字十分重要，因爲，一味的包容到最後很容易變成「包庇」，要避免變成包庇的關鍵就在於「消融」的工夫。當你容忍對方一段時間後，他會漸漸覺得好像打錯了人、做錯了事，覺得對不起你，他的觀念可能會開始產生變化。當他的觀念轉變後，你可以和他進一步溝通，問他當初這樣對待你的感覺如何？也可以表明你是眞心想幫助他，並沒有傷害他的意思，如果對方願意溝通，也樂於接受你，那麼，你就是在幫助對方脫離仇恨心了。

所以說，容忍也是一種菩薩行。不過，要化敵爲友還是要有智慧，才能夠化解，否則一味地包容，可能會變成包庇，到最後不但傷害自己，也會傷害對方，就像把毒藥吞進自己肚子裡，自己也會被毒死了。

包容的尺度與智慧

包容別人可以減少自己的煩惱，增加智慧，但是包容應該要有尺度與範圍，以免造成自己的負擔。包容的限度不能大到讓自己痛苦、困擾，甚至是痛恨的地步，必須量力而爲，不能夠自不量力。

而且，包容別人的錯誤，雖然是氣度恢弘的表現，但是在工作的品質上，卻有待斟酌。因爲下屬犯的錯，上司連帶著要負責，如果還是一味包容，恐怕只會讓事情愈來愈糟。

所以我們找人做事，一定要找到能力足以勝任、品德值得信賴的人，否則不在乎人才優劣，認爲自己可以包容所有的人，到最後一定會產生問題。畢竟對一個人的包容，可以毫無限制，但是工作上的包容，卻不能馬虎，否則會對團體產生巨大的影響。

不過，再有能力、有品德的人，也會犯錯，雖然對方不是故意的，可是已經連累到你；如果你瞭解這個人的能力和品德，就應該替他承擔下來。這樣的處置並不是包庇他的錯誤，而是瞭解在因緣變化之中，難免會發生錯誤，所以是可以被包容的。

相反地，如果你明知此人能力不足，品德也有問題，還是勉強讓他做，等於是把一隻羊放到虎口裡去，而羊本來就會被老虎吃掉，這就是你的責任了。

如果遇到能力比較差的部屬，則要多給他學習、改進的機會。因爲能力可以藉由訓練培養，甚至人品不好也能被感化。不過，還是要拿捏尺寸，因爲人的智慧、才能有先天的限制，不能太過勉強，如果硬要把鐵變成黃金，那就超出常軌了。

透過練習，可以讓自己的包容度變大，但是剛開始時，應該先衡量自己的能力範圍。就像依照袋子的大小，來決定能夠裝多少東西，如果只能裝一斗米，便不應該裝過多，裝多了，不是東西溢出來，就是袋子會破掉。一個人包容的尺度與範圍，完全要看他的器量有多大：小人只能包容小的事情，大人則能包容大的事情。

中國彌勒菩薩的像，大多做成布袋和尚的樣子，他背上的布袋名爲「乾坤袋」，可大可小，不論是垃圾、黃金，任何東西都可以裝進去，但是拿出來時卻空空如也，什麼東西也沒有，表示這個袋子能無限容納任何東西。

包容別人的時候，要將自己想像成一個無底的垃圾桶，才能承受別人的大量垃圾，但要注意的是，不要讓別人的垃圾成爲你的負擔。最好能像布袋和尚的乾坤袋一樣，可大可小、包容一切。想要具備這樣的能耐，平時可以練習著多爲他人設想，少爲自己的利益打算，器量就會變得愈來愈大。

眞正的柔軟

所謂的「柔軟心」，是指把自我減低、減少、減輕，不在人際間架設心防，也不爲自己設想，心胸全然敞開。所以，凡是自我主見很深、自我中心很強的人，是不可能有柔軟心的，而佛法所說的「無心」，事實上就是最徹底的柔軟心。

「無心」的「心」，是指以自我爲中心的心，當我們放下這顆自我心時，才能眞正變得柔軟，否則別人多說你兩句，立刻就會武裝起來，變得有稜有角，不但無法心平氣和的溝通，還很容易受傷。

因此柔軟心和佛法所說的「空」息息相關，唯有體會到自我和一切的事物，其本質都是「空」時，心胸才能眞的敞開。

培養自己的柔軟心，是利人利己的好事，因爲如果能夠消融自我，遇事時，雖然你還是你，但是不會那麼容易被別人的言行舉止刺傷。而且你不傷害別人，別人也不會故意傷害你，所以柔軟心可以說是對自己與他人的一種保護。

就如《老子》所說：「天下莫柔弱於水，而攻堅強者莫之能勝，以其無以易之。」水是天下最柔軟的東西，卻可以滴水穿石。水沒有一定要去的地方，但只要有空隙它就處處都去；而且它的型態不斷變化，遇到冷的變成冰，遇到熱的變成氣，遇到什麼就變成什麼。雖然一直在改變，但是無論怎麼變，它的本質卻始終不變，這是因爲它始終掌握住自己的原則。

一個眞正柔軟的人，就像菩薩一樣，他只有一個方向，就是幫助所有眾生得到利益；只要眾生能得到利益，無論要他變成什麼都可以。

爲了讓眾生得利益，自己必須變得非常柔軟，也就是說會隨著眾生的因緣而改變自己，但萬變不離其宗——即使千變萬變也不會改變原有的方向與目標，這才是眞正的柔軟。

如果一直變化，變到忘卻既定的方向，或是喪失原則，那不是眞正的柔軟，而是人云亦云、隨波逐流。而且所謂的「眾生有益」，是眞的有益，不是存了好心，結果卻做了壞事，其間的標準便要以「智慧」來衡量。

此外，「柔軟」不是「柔弱」。柔弱的人非常脆弱，很容易因為別人的欺負而受傷害，而且一旦跌倒了就再也不想站起來。但是有柔軟心的人，不會受人欺負，因為這種人就像水一樣，很有彈性，懂得順應情況變化，或繞圈、或轉彎；即使別人踢他一腳，他倒下來以後，又可以馬上站起來，就像不倒翁一樣，這就是所謂的「柔能克剛」。

堅強和柔軟本質上也是相通的，堅強的人韌性非常高，不容易被挫折打倒。以我自己為例，我的身體很瘦弱，運氣很不好，智慧也不夠高，但是我永遠都循著同一個方向努力。在某些情況下，我可以停下來暫時不走，或是轉個彎，不一定要直走，但我一定會朝著同一個方向前進。所以一路走來，走到今天，無論走的是大路還是小路，總算走出一條路來了。

因爲柔軟，所以堅強

柔軟與堅強，兩者看起來雖然像是對立的，但卻可以同時存在。大部分的人會認爲剛硬的東西一定很堅固，其實剛硬的東西往往最脆弱，即使像金剛鑽這般堅硬的物件，也可以用切割鑽石的工具將之毀損。所以，最堅硬的通常是最脆弱的，最柔軟的反而可能是最堅強的。

因此，眞正想要降服敵人、敵國，要憑藉的不是武器，也不是戰爭，而是用和談的方式溝通，進而以德服人。因爲武力只有一時的嚇阻作用，並不是常保和平的方法，也絕非眞正解決紛爭之道，道德感化的力量才是最強、最深刻的。

這種柔軟的堅強，就像「大地」一樣。大地平時很柔軟地承載萬物，卻也是萬物最堅強的憑藉；就像溫柔的女性一樣，爲了保護她的子女，在非常時刻，也會變得很堅強。所以人們常藉大地來歌頌母親，柔軟也成爲女性的代名詞。

一般人認爲女性是溫柔的、柔和的，而男性應該是剛強的，但是，難道男性就不需要柔軟的態度嗎？其實，女性過份柔軟會變成柔弱，而男性剛強中應該帶有柔性，如果不夠柔軟，便不能成爲偉大的人物。

以往的中國人強調大男人主義，男人的形象總是比較剛強、威猛，但是從古往今來的例子來看，大丈夫一定是非常柔軟、堅強的，不只是剛強而已。所謂「大丈夫能屈能伸」，能屈能伸是大丈夫的特質，小人物因爲姿態不夠柔軟，往往只能伸、不能屈。所以，眞正的大丈夫，都是能夠忍受一時的屈辱，例如，韓信禁得起胯下之辱；越王勾踐忍辱偷生、臥薪嚐膽，終於成就了大事。他們的表現，是柔軟而不是柔弱，是堅強而不是剛強，所以，如果想要眞正成就大事，就必須具備柔軟溫和的堅強。

我們在日常生活中，如何實踐這種柔軟的堅強呢？那就是，待人要寬容、溫和，縱然別人用尖銳刻薄的態度對待你，也不要想著以牙還牙、以眼還眼，要能暫時忍住、包容下來，但也不會因此而被擊倒、打敗，或是心懷怨恨，而能善盡自己一切的努力，等待因緣轉變，這樣既保護了自己，也保護了對方。

學習關懷與付出

結眞正的善緣

佛教中有「結緣」的說法，意思就是人與人之間彼此支持、協助，共同走上良善、光明的道路，所以「廣結善緣」其實就是「普度眾生」。但是，我們應該用什麼方式來與他人結緣呢？無論是用物質的援助或情感的關懷，只要不離開佛法的精神，都是與眾生結緣的方式。

一般人多半是用物質來與他人結緣，但如果懂得佛法，便可以用佛法來協助人、勸勉人，希望他們以後也可以用佛法來幫助自己，這才是最好的幫助方式。因爲，如果只依靠別人的幫助，那是不可靠、不長久的，就像生了病只會不斷地去看醫生，卻不願調整自己錯誤的生活習慣，那是無法眞正痊癒的。

有一次我問一位長期看心理醫生的人：「爲什麼要看心理醫生呢？」他說：「這不奇怪，就像我們每天都要定時吃飯，少一餐都不行，看心理醫生也要定期去，一星期就要看兩、三次。」他的解釋好像言之成理，其實似是而非。因爲解決問題的根本之道，應該是找出治本的方法，不能只是治標而已，更不能以和稀泥的心態逃避，否則，當下好像問題解決了，其實並不徹底。

如果能用佛法來解決，就不單是治標，也能治本。用佛法來處理心理上的問題，那是最究竟，也是最徹底的。所以，用佛法來幫助別人，是最好的結緣方式。

但是，結緣也有清淨、染污的分別，端看我們用何種心態來與別人結緣，以清淨的心所結的緣是淨緣，以染污的心所結的緣就是染緣。所謂的染污心，就是內心別有目的，期待、盼望別人能有所回饋，這種緣會讓彼此困擾、糾纏，到最後可能反而成爲惡緣，彼此結仇、結恨，像這種緣還是少結爲妙。

結緣一詞在民間信仰中，也有一些似是而非的觀念。例如，「了緣」這個觀念，特別是有所謂「七世夫妻」的說法，認爲男女雙方在過去世結了很深的緣，如果沒有當足七輩子的夫妻，兩個人的緣分就無法了斷。

其實這根本不是佛教的觀念，因爲人與人之間的因果、因緣關係是不可思議的。即使兩個人之間原本只有很淺的關係，由於種種因素，都有可能繼續愈涉愈深，就像藤和絲纏在一起，只要一用力就會愈纏愈緊、愈纏愈亂，沒完沒了。因緣因果是相續不斷的，而且不是一成不變的，所以「了緣」這個觀念似是而非，「七世夫妻」更只是小說中的想像罷了。

此外，民間還有「還願」的說法，認爲廟裡的神明達成了自己的請願，就要用犧牲或祭祀的方式來還願，這種報酬的性質也和佛教的觀念背道而馳。佛教對眾生的救助應該是毫無條件的，例如：我用佛法來幫助別人，是沒有條件的，不會因爲某個信眾供養我比較多，我就對他特別好。就我個人而言，別人對我好也好，對我壞也罷，我都不抱分別心，只要是願意接受佛法的人，我都會盡自己所能給予幫助。

所以，佛法不說糾纏不清的「了緣」，也不說報酬式的「還願」，這個觀念應該要釐清，才能眞正與眾人廣結善緣。

不被自己障礙住

佛教有一種「業」的觀念，凡是我們的一舉一動，不論經由語言、思考，或是身體所表現出來的任何一種行為，都稱之為業；因此我們任何起心動念或舉手投足，可以說都是在造業。

人不可能不造業，但卻可以讓自己不要產生業障，因為一旦有了業障，就會障礙到原本該做的事、該想的念頭、該說的話，讓人進退兩難。

所謂造成障礙，是指自己的身、口、意行為造成他人的困擾、自己的麻煩；也就是說，因為你的緣故，造成別人或自己時間、能力、財力等的損失，以致於讓事情進行得不順利，那就是障礙了。

而且你造成別人的損失、傷害，對方可能就會來討回公道、要求補償，他們就像是你的「債權人」，而你就是一個欠債的人。如果你得罪的人很多，又經常讓很多人受到傷害，這麼一來，你自己就會常常遇到障礙，這些就成了你的業障。

如何不讓自己產生業障呢？只要我們的起心動念、舉手投足，都能有益於人，也有益於己，就不會造成障礙。

可是我們大多數的人都很自私，都只想到對自己有利，而不管別人如何。這自私的我其實是非常愚蠢的，還以爲讓別人受損失就是佔便宜，殊不知這些行爲雖然暫時利益了自己，可是往長遠來看，卻是對自己不利的。這種自私又自我的行爲，不僅害人，而且害己，所以是很愚蠢的。

例如在團體生活中，如果我把自己的垃圾，通通丟到別人那裡，只管自己的環境乾淨就好。短時間內似乎是得了方便，但是時間一久，隔壁傳來的臭氣，同樣也會污染到自己居住的環境。而且，我把垃圾丟給別人，別人也會把垃圾丟到我這裡，互相製造干擾、敵對，結果更是得不償失，反受其害。所以這種愚蠢的我、自私的我，是我們要解脫、要放下的。

但是當我們放下自私、愚蠢的我之後，同時也要提起「功德的我」，所謂功德的我，是指大公無私、爲他不爲己的我。乍看之下，自己好像沒得到任何益處，其實，當我們爲他人著想時，自己一定也已包含在其中，不自私反而是我們爲人處事最好、最安全的方法。

幫助一切眾生，讓他人得到利益，同時自己也獲得心靈的安寧，這是「大我」的境界。如果再更進一個層次，那就是「無我」。佛法所說「無我」的意思，是指對於我所做的一切功德，都不計較。也就是說，我付出一切幫助所有人，可是心中不求回饋，我只是做我應該做的事，做過之後就不再多想、不再多說，心中沒有牽掛，這便是無我。

這就好像佛菩薩以智慧和慈悲來廣度眾生，是用清淨的、無染的、無條件的愛心來幫助所有的人。佛菩薩因爲永遠爲眾生的利益著想，所以不會再製造任何障礙，因爲沒有障礙，所以佛菩薩的功德和力量是最大的，不僅在這個世界上，在十方三世無窮的時間、無窮的空間之中也處處都在、時時都在。

佛菩薩以智慧處理事的業是「慧業」，以慈悲幫助人的業是「福業」，雖然都是業，但是這種業不會製造障礙，是能成長我們的功德，讓我們左右逢源。像這種使我們處處都能夠自在的「慧業」和「福業」，就是我們應該學習的，也是人人都能夠學會的。

網路社會不等於疏離

在目前資訊化的社會裡，電腦愈來愈普及，網路的使用也愈來愈頻繁，人們不用出門就可以完成很多事情，在家裡上網就可以工作、購物，甚至還可以跟其他人開會。於是有人擔心，人與人之間的互動會不會因此而減少？人際關係會不會愈來愈淡薄？

其實，不論資訊時代的來臨會對人際關係造成何種影響，我們都要適應這種環境的改變，況且人與人之間一定還是需要接觸，否則便會產生疏離與孤獨感。

事實上，不論是農業時代或科技時代的人，都一樣會有孤獨感。尤其是已退休的人、年紀大的人、沒有工作的人……，他們沒有事做，整天都在看電視、翻報紙，或者乾脆到公園去散步，就會覺得自己非常孤獨。

像這樣日復一日地打發時間是非常可惜、空虛的，因為人的生命畢竟有限，我們應該充分運用生命中的每一秒。雖然佛教認爲，我們這一生凋零以後還會有來世，但既然這一世的生命已經存在了，爲什麼不好好充分運用生命，做該做的事呢？

如果能這樣想，當網路更便利時，生活不但不會更空虛，反而會更充實，因爲我們可以隨時隨地接觸到各式各樣的資訊，在家裡就可以得知全世界發生的事，乃至人類所有的知識學問。這時候你會發現，值得學習的事物太多了，也就不會寂寞、孤單了。

例如，歷史人物雖然已經作古了，但我們還是可以在精神上和他們交流，和古人交朋友。以歷史上的一些高僧來說，當我閱讀他們的書、瞭解他們的事蹟、學習他們的胸懷、體會他們的心境，和這些歷史人物產生共鳴，我就如同生活在他們的時代中一樣，對我來說，他們根本沒有離開過，仍然在現代社會裡活躍著。

又例如，由我所主講的電視節目《大法鼓》，也是運用現代科技，一次預錄好幾集。當觀眾們收看時，距離錄影的時間可能已經過了好幾個星期，甚至好幾個月了。但是只要我演說的主題還沒有過時，內容又有意義，觀眾仍然會覺得很親切，好像我就在他面前講話一樣，並不會產生距離遙遠的感覺，而覺得疏離、孤獨。所以現代化資訊科技的便利發達，並不會妨礙人際關係的發展，只要能善加運用以充實生活，讓生命發揮最大的效用，並且善用時間來從事各式各樣的奉獻工作，便不會感到空虛。

從事奉獻性的服務工作，能讓一個人的生命變得更充實，而從事這種工作最需要的技能，正是和人群接觸。例如，法鼓山就是一個非營利事業團體，我們所做的每一件事，都會結合義工的力量來共同奉獻。我們的目標是讓社會更進步，讓參與者的人品更提昇，讓地球的環境更安寧、更清淨、更和諧，這些目標都需要我們用自己的生命去營造。

未來無論資訊如何發達，人與人之間互相接觸、服務、關懷的需求都不會改變，反而需要更大量的人力來投入。所以，生活在資訊社會裡的人，如果覺得寂寞，不妨參與各公益團體的活動，那裡總有做不完的事，讓你有許多與人接觸、服務別人的機會。

善知識、惡知識

佛教中有所謂的「善知識」，善知識既是我們的好老師，也是我們的好朋友，能夠從意見及觀念上規勸、鼓勵、幫助我們。

佛經非常強調善知識的重要性，經典中所說的善知識，又名「大善知識」，主要是指得道的高僧、大菩薩。例如《華嚴經》中的善財童子，他一共拜訪了五十三位大菩薩，每一位大菩薩都在觀念與方法上，提供他在增長智慧、慈悲上具有關鍵性的指導，因此這些人就是幫助他成佛的大善知識。

除了大善知識，還有一般的善知識，他們隨處可遇，甚至只要是幫助過你，不管用什麼方式，都是善知識，因此，無論是長輩、平輩、晚輩，都可能是你的善知識。親近善知識，能夠讓你人格成長、智慧增加，也能讓你身心平安、家庭和樂、事業順利。

不過，一般的善知識只能幫助你在生活及人際關係方面，解決一些問題，就是所謂的「貴人」。另外還有一種善知識，能夠運用佛法來開啓你的智慧，爲你指引人生的方向及最後的目標，使你從佛法中得到利益。例如，有人教你念「阿彌陀佛」、「觀世音菩薩」，或是鼓勵你聽聞佛法、修學佛法，讓你廣結善緣、成就佛道，這就是佛法中的善知識。

例如我在電視上有一個《大法鼓》的節目，在節目中我以佛法來勉勵人、幫助人解決問題，因此，我是觀眾們在佛法中的善知識。

有「善知識」，當然也有所謂的「惡知識」。如果有人教你如何殺人、放火、搶劫，他就是惡知識。我們常常形容壞朋友爲「酒肉朋友」、「狐群狗黨」，如果和這類朋友在一起，不是吃喝玩樂，就是爲非作歹，和他們交往不僅自己會一敗塗地，甚至其他人也因此不敢和你接近，因爲他們認爲你和這樣的朋友來往，表示你也是同類型的人。

不過善惡並非絕對，如果我們和惡知識接觸之後，能用佛法幫助他轉變觀念，你就會成爲他的善知識；如果他因此轉變了觀念和方向，再繼續幫助更多的人，他自己就成爲別人的善知識。所以惡知識並非永遠是惡的，如果能夠轉變他們，讓浪子回頭，他們也可能成爲善知識。

做個眞正的貴人

在日常生活裡，大家都希望遇到貴人，盼望能有貴人相助。不過有些人在獲得別人援助時，卻常常認爲這是理所當然的，甚至埋怨對方：「你只幫了一點忙是不夠的，應該繼續幫下去才對！」更有甚者，貴人已經出現在眼前了，卻還有眼不識泰山，認爲對方多管閒事。

如果遇到存有這種心態的人，就像「狗咬呂洞賓，不識好人心」，呂洞賓因爲好心，拿了一些食物餵狗，結果這隻狗不但不感激，還反咬他一口。社會上這種情況其實很多，你幫了對方的忙，他不但不知道感恩，甚至怪你多事，這種人不管你再怎麼善待他，他就是不滿意，可能還會反過頭來恩將仇報。遇到這種事，實在讓人心裡很難平衡，這時候該怎麼辦呢？

因此，曾經有一位居士告訴我：「好人難做，善門難開。所以，要做小好人，不能做大好人；要做小好事，不能做大好事；要開小善門，不能開大善門。」

我問他為什麼？他說：「當一個人飢餓的時候，你給他一斤米，讓他拿回家煮飯，他會非常感激，因為缺了這一碗飯，他可能就活不下去了。但如果你把沒飯吃的人養在家裡，天天給他飯吃，當你請他幫忙做事的時候，他可能就會起反感：『有什麼了不起，我只是吃你幾口飯而已，你把我當成什麼了？』漸漸地，這種心理上的矛盾、衝突就會出現。」

這位居士的說法很有意思，道理好像是對的，但其實並不正確。例如，只要有人知道法鼓山在做救濟工作，就會陸陸續續上門來，希望我們給他金錢、物資，如果覺得我們給得不夠，就會大聲吵罵：「佛門應該大慈大悲，你們怎麼那麼不慈悲？」因此就有人認為，如果我們從來不做慈善工作，就沒有人知道，也不會有人來罵我們、求我們了。如果這麼想，那又是因噎廢食了。

人與人之間一定是要互助合作的，當自己有資源、有能力的時候，就應該盡量幫助別人，至於別人是不是把你當貴人，並不重要。雖然可能會有一些後遺症，可是既然要做善事、開善門、做別人的貴人，就不應該計較，也不應該在做了好事以後，希望得到別人的感謝。做好事只是單純因爲自己「願意」這麼做，當對方得到幫助，自己覺得很歡喜，這就是幫助別人所得到的回饋，至於將來別人會怎麼批評、對待自己，都不必太在乎。

所以，如果想當別人眞正的貴人，能做到的事就應該盡量做，他人的批評、毀謗、過份要求，不需要放在心上。因爲不管別人怎麼罵，那都是他的事，與自己無關；如果自己不該挨罵而挨罵了，那是別人罵錯了，根本不需要生氣、灰心，只要能奉獻一己之力，就應該感到愉快。

布施——真正的救苦救難

佛教有一個名詞叫「四攝法」，其中有一項是「布施」，意思是和別人結緣，不論是自己的財產、時間、智慧、技能，甚至是自己溫暖的心，都可以用來與人廣結善緣。

布施和一般所謂的樂善好施不同，樂善好施大多只是布施醫藥、食物、金錢等日常用品，像是到災區去救濟災民，就是以生活所需的物資來布施，布施完了之後，就沒有後續的輔導。可是「四攝法」中所說的布施，除了提供對方所需的物資、生活必需品外，還要在精神層面上，幫助他們淨化觀念，讓心靈得到成長。這就好比有句話說：「給他魚吃，不如教他如何釣魚。」讓別人有飯吃當然很好，但如果能進一步教會他種稻耕田的方法，能夠自行生產糧食，不但能自給自足，還可能有多餘的食物分送給其他需要的人，這不是更好嗎？

先師東初老人所創辦的中華佛教文化館，四十多年來一直辦理慈善工作不斷。我們每一次做布施，不只提供物資，也會分享一些佛法的觀念給他們，安慰、鼓勵他們說：「你們今天能來領取這些物資是很好的，千萬不要以爲接受救濟是很丟臉的事。有人要幫助你們，而你們來接受幫助，這是彼此互爲因緣，這樣的互動非常好。你們能以這種心來接受幫助，將來一定會想要回饋的，所以彼此間並沒有任何虧欠。」經過這樣觀念的提昇後，漸漸地，很多人的生活觀就有了改變。當他們在生活情況獲得改善後，多半也會一起來參與我們的慈善工作。

因此，運用佛法來布施，可以開拓涵蓋面、提昇精神面，把一個人從困難中救脫出來之後，還要引發他的同情心，讓他覺得其他受困者也應該得救；除了自己離開苦難，還要幫助別人也離開苦難。這樣做不但讓受布施的人放下心中種種的障礙、煩惱，還能號召他們一起來參與服務工作，共同修行菩薩道，這才是「四攝法」所說的眞正的布施。

愛語——讓人歡喜聽你說

佛教有一個名詞叫「愛語」，意思是指慈愛的語言、態度與表情。也就是能夠把自己內心想要對人表示的關懷、體貼和勉勵，透過語言、表情，或手勢等肢體行爲表現出來，像是點頭、微笑，這些動作，都可以算是「愛語」。

愛語，不只局限於語言。我們的臉部表情、眼神都會講話，連身體動作也會講話，所以稱之爲「肢體語言」。只要你心裡很慈悲、柔軟，對人非常關心，你所表現出來的任何一個動作、表情，哪怕只是一句話而已，都會讓人感到非常溫暖，這就是愛語的力量。

愛語的「愛」，不要只把它當成是男女感情的愛。愛有很多等級和層次，最低的層次是自私的愛，那是充滿了佔有與貪婪的愛，例如我愛吃、我愛看，我愛聽、我……，但這些眞的是愛嗎？這些愛都是在追隨自己的貪欲或本能，只是爲了滿足個人的欲望，不是愛語的愛。

眞正的愛，是放下自己，一心一意爲對方設想，眞誠讚美、體諒對方。因此，愛語是佛教的「四攝法」之一，「四攝法」也就是四種攝化眾生的方法——布施、愛語、利行、同事，用這四種方法，先表達對人的關心、勉勵、寬容和諒解，以眞誠的善意和對方往來溝通，之後才用佛法來和他們交換意見。

譬如，當你在和小孩子玩的時候，就要玩得像小孩子一樣，讓小孩子玩得很高興，而不要端出大人的架子。以我來說，我已經是七十多歲的老人了，但每次遇到小孩子，我都能和他們玩在一起，不會覺得他們很討厭煩人，小孩子也都很喜歡我，覺得我好像就是他們的一分子一樣。

同樣的，如果是和老人家相處，即使你年紀不大，也要放緩步伐，就好像你也是步履蹣跚的老人家一樣，一步步慢慢陪著他走，這樣他就會覺得很溫馨。

要做到這樣，必須是爲他人設想，把自己的利害得失放下，不會一直想著自己應該是個怎麼樣的人，堅持非得照自己的方式不可；而是能處處爲對方著想，瞭解對方需要的是什麼、現在的情況如何，這樣才是愛語的表現。

表達佛法不一定非要用佛教名相不可，那些深奧難懂的名詞，有時候反而容易讓人覺得佛法很有距離，甚至害怕。所以我們要用對方聽得懂的話來溝通，而且在態度上，必須是關懷的、慈悲的；如果你老是對別人說：「你要這樣這樣……，那樣那樣……」，那是在教訓人，不是愛語。

愛語應該是循循善誘，讓別人覺得你跟他很親近，而且覺得你說的話、做的事，都是他也應該做的、也應該聽的，而願意主動向你學習。由於你的一言一行都合乎佛法的標準，所以你的愛語也合乎四攝法裡的「攝」，自然能讓別人認同你，也會跟隨你一起，照著佛法所說的來做，這才是眞正的「愛語」。

利行——最有號召力的行動方式

佛教有一個名詞叫「四攝法」，其中有一項是「利行」，指的是利益別人的行爲，也就是說，凡是能給別人方便的行爲，就是利行。例如，政府所提倡的「便民政策」，能讓一般民眾在洽公時感到親切、便利，這就是一種「利行」。

每個人在自己的能力範圍內，都可以幫助他人。我們從小到老，都無法單獨一個人生活，很少人會像魯賓遜漂流荒島一樣，過著獨居生活。無論是誰，至少都會和少數幾個人共同生活，即使是單身漢、獨身主義者，也不可能一個人離開社會獨自生活，而不參與人與人之間的關係。

既然我們是過著群居的生活，「利行」就是隨時隨地都可以做的。

有人說：「人在公門好行善。」其實，不一定要在公家機關，任何時間、任何地點都可以幫助別人，行善的機會非常多，即使只是在馬路上散步或是家庭主婦在菜市場買菜，都有機會行善。

例如，搭公車時，看到老人家上車沒有位子坐，而你自己有位子坐，就可以把座位讓給他；如果你自己沒有座位，也可以幫忙找找看，與有座位的年輕人打個商量，請他讓座，這便是利行、行善。

曾經有一次我搭公車，可能是因爲我的樣子很瘦弱，看起來好像生病了，所以一上車就聽到有人說：「老和尚，坐下來吧！」可是我仔細一看，全車都坐滿了，並沒有空位。於是這個人便自告奮勇幫我找座位，連找了幾個人都不願意起身讓座，但他還是很有耐心地繼續找。最後終於有一個人站起來說：「我下一站就要下車了，老和尚請坐。」像這個人，自己雖然沒有位子坐，但還是熱心地幫我找座位，就是「利行」的好例子。

四攝法中的「利行」，還可以更進一步落實。除了短期的協助或舉手之勞外，還可以長期幫助別人，幫完一個忙後，接著幫另外一個忙。例如，曾經有一位居士，他知道我沒有錢去日本讀書，不但提供我讀書時所需的生活費、學費，連我的博士論文寫完要出書，他也出錢贊助；甚至在我完

慈悲他人的方法與智慧

我常說：「以智慧處理自己的事，用慈悲對待別人。」一般人會覺得用智慧來觀照自己的內心，好像比較容易做到，但是用慈悲來體察別人的心，就比較困難了。其實，要想同時做到這兩方面，雖然並不容易，但也不是那麼困難，只要做到其中一項，另外一項自然也可以做到。

觀察他人的心，用的不是神通、第三隻眼、讀心術或催眠術，而是用「同理心」。透過觀察自己內心的反應，反省自己的經驗，進一步將心比心，體察他人心裡的想法。

除了從自己的感受推想他人的感受，還可以觀察自己和他人，在立場、年齡、教育程度、生活環境，甚至文化背景等方面的差異，深入細膩地觀察後，你就會發現，世界上根本不會有兩個完全一樣的人，既然是不一樣的人，就應該學習尊重他人、瞭解他人，不要硬把別人當成自己來對待。

其實，人與人之間只要相處時間久一些，自然而然就會熟悉對方的想法與反應，能夠猜出他究竟在想什麼？需要什麼？反應如何？因此可以在習慣對方後，進一步理解對方，並提出對方所需要的幫助。

我們會因爲瞭解對方的需求，而主動提出幫忙；相同的，如果別人想要幫助你，你卻不讓他幫助，他也會很痛苦，就像有人很愛你，而你卻說「我不需要你的愛」一樣。因此，我們除了幫助別人，也要接受別人的幫助，這樣人與人之間才會有互動；透過這樣的互動，能讓對方覺得和你在一起是安全的、愉快的，你是對方可以信賴的人，甚至是最瞭解他的人。

但這和投其所好、諂媚阿諛是不一樣的。通常，我們對於不熟悉的朋友，或許會用比較客氣、誇張，甚至是謙虛過當的話，但如果把這些用在熟識的朋友身上，對方就會覺得我們很見外，甚至虛僞。

此外，與人相處也不要預設門檻、防線，雖然說：「害人之心不可有，防人之心不可無。」這話聽起來好像是對的，因爲我們如果不提防別人，很可能會受到對方的傷害，例如：遭人背叛，或是在背後被人放黑槍等。

曾經有一位公司的董事長來見我，他說：「師父！我被小人暗算了。」他口中的小人指的就是他公司的總經理，對方從學校畢業後一路受他提拔，結果竟然背叛了他，讓他心中不免感慨世風日下，人心不古。

我建議他：「既然公司已經被整垮，只能盡力補救了。重要的是，未來不要因爲這次的經驗，而對人存有敵意。雖然不要心存敵意，可是一定要懂得細心觀察。」所謂觀察，是指觀察對方的忠誠度；觀察的同時，也要常常體恤部屬、照顧員工，讓他們對你有信心，知道你不會背叛他們。

如果不這樣在人格上、心性上輔導部屬，只提供技術上的訓練，到最後對方很可能因爲技術學到手了，就遠走高飛，不但不懂得感恩，甚至還可能成爲叛徒。其實，不論是對朋友、部屬、子女都一樣，慈悲既不是縱容，也不是溺愛，而是要講究方法與智慧。

慈悲沒有敵人，智慧不起煩惱

我們經常因爲受到環境的影響而生氣。曾經有人告訴我，有一次當他正在氣頭上時，因爲忽然想起我說過的兩句話：「慈悲沒有敵人，智慧不起煩惱。」心中怒火立刻就像被清涼的甘霖澆熄了一樣，同時也讓他看到自己待人不夠慈悲，沒有智慧，所以覺得非常慚愧。

我之所以提出這兩句話，是因爲佛教本來就主張以慈悲度眾生，既然要度眾生，怎麼還會有敵人呢？當一切眾生都是自己要度化、結緣的對象，當然就不可能把他們視爲敵人了。

「敵人」的意思是指彼此勢不兩立，不是你死，就是我活。譬如情場有情敵、商場有商敵、戰場有軍敵、政壇有政敵，甚至同事之間，有時候爲了要爭取較好的職位，彼此競相表現，希望自己表現最好，其他的人不可以超越自己，而形成敵對的狀態。這是人性中的劣根性，也可以說是弱點。

既然知道人性的這項弱點，就要調整自己待人處事的態度，首先要原諒人、同情人、包容人；也就是說，對於不如自己的人，應該包容；比自己好的人，則要向他學習。如果人與人之間能夠彼此學習、互爲師友，不但自己能夠得到成長，對方也會成長。

可惜的是，很多人想不通這一點，無論如何想到的都是自己，不知道替別人著想，看到比自己好的人不放過他，不如自己的人更是欲除之而後快。如此，好的不要，壞的也不要，最後只剩下自己孤家寡人一個，這就是不慈悲，眞正的慈悲是一體地對待別人。

慈悲的對象，除了慈悲別人，也要慈悲自己。因爲不慈悲自己，會讓自己很痛苦。例如，有的人不肯原諒自己，於是就傷害自己。其實做錯事，改過就好，若是不斷責罰自己，就會一直陷在痛苦之中，這就是對自己不慈悲了。對別人也是一樣，如果態度不慈悲，可能就會一再地傷害他人。

「智慧不起煩惱」這句話，則是讓人不起煩惱的方法。人在煩惱中糾纏可說是最痛苦的事，因爲煩惱就好像是自己在整自己般愚蠢，想要化解，就要運用佛法的空觀智慧，有了空觀的智慧，煩惱自然就沒有了。

如果說煩惱是黑暗，智慧就是明燈，當明燈照破黑暗時，黑暗就不見了，所謂「千年暗室，一燈即破」；其實，黑暗原本就不存在，只因爲沒有明燈，所以才會黑暗。同樣的，煩惱本來是不存在的，只因爲沒有智慧，觀念上還會顚倒錯亂，才會產生衝突、矛盾和掙扎。

曾經有人類學家研究指出，人類最初都來自於非洲，且出於同一脈血源。如果從這個推論來看，正好與佛法所說「眾生平等」的觀點相通。不過人類是不是眞的都出自同源，並不是重點，重點在於，人類的基本需求和基本心態都是相同的，也就是說，人性是相通的。

既然人的本性是相通的，人類彼此之間便應該守望相助、唇齒相依，能夠這樣想的話，不但對自己有益，對別人也有益；而對別人有益，便是對自己有益，這就是推己及人的結果，如此一來也就沒有所謂的敵人了，沒有敵人，就是智慧。

化敵爲友最好的方法

在我所提倡的「心五四」運動中，「四感」是與人相處時的四種主張——感恩、感謝、感化、感動。其中，「感動」的意思是指，以智慧來處理事、以慈悲來對待人，以勤勉、謹愼、恭敬、謙虛、寬容的態度，凡事從自己以身作則，自然能夠產生力量感動他人。

可是，只要存有想感動別人的念頭，心中就一定有特定對象，也會產生期待；一旦期待落空，就會覺得挫折、無奈。但如果只是單純的幫助他人，心中沒有特定的對象，也不在乎做了以後會不會有人受到感動，只是默默的行善、助人，別人反而會因此受到感動，而跟著一起做。

例如，一般人在下班後或假日，都會去看電影、逛街，或上館子大吃一頓。可是我們出家人，一年三百六十五天都沒有放過一天假；出家人一無所有，沒有自己的財產、家屬、事業，既不是爲了自己的兒孫，也不是要陞官發財，只是爲了弘法利生的事業而忙碌，這種單純爲了奉獻而付出的無私精神，常使許多人受到感動。

可是我的本意並不是要使人感動，因爲和尚的本份，就是服務眾生，所謂「做一日和尚，撞一日鐘」，我只是盡自己的責任而已。我不應該跟一般在家人一樣放假出去玩，也不會和別人計較：「你們常有假期，我都沒有，好可憐哦！」我不但不會這樣想，反而會非常感謝大家給我機會奉獻。

我也經常對我的弟子們說：「我眞是感恩你們！我對你們沒有恩，是你們對我有恩。」我對他們的感恩心，是根據佛法的觀念而來的，也就是所謂的「三輪體空」——如果沒有受者的成就，也不能圓滿布施的因緣，所以要感謝他們給我培福的機會。我的弟子聽我這麼說，心裡都非常感動，心想：「明明是師父辛辛苦苦地在教我們、幫我們，爲什麼他還要感恩我們呢？」他們被感動之後，心靈因此受到啓迪而轉變，更願意主動幫忙，發心奉獻。

另外，也經常會有人攻擊我，雖然被打擊時會難過，可是我不會感到怨恨，或是想要報復。相反的，當打擊者需要我的協助時，我還是會協助他們，不會藉機報復。這樣一來，他們便會生起慚愧心，當慚愧心生起時，就是被感動了。

但是我幫助他們的目的，並不是要感動他們，而是我本來就應該這麼做，我只是在實踐佛法的精神，而實踐佛法的結果，往往會感動他人。

更進一步說，在日常生活中，不要隨便爲了一點小事，就看這個人不順眼、看那個人不順眼，就罵這個人、恨那個人，即使是對方有錯，還是要諒解他。尤其有些人無法接受他人的指責，你一罵他，他就會和你結仇。對於這種人，我們不能用斥責的方式來解決問題，也不需再多費口舌和他辯論，只要包容他、慈悲他，和他做朋友就可以了，久而久之他自然就會受到感動，覺得和你作對是不應該的，雙方就會從敵人漸漸成爲好朋友。

要化解人與人之間的衝突，最有效、最好的方法，就是用佛法的精神感動人，「感動」，眞是化敵爲友最好的一種方法。

國家圖書館出版品預行編目資料

從心溝通 / 聖嚴法師著. -- 初版. -- 臺北市
: 法鼓文化, 2006 [民95]
面； 公分.

ISBN 957-598-346-7(平裝)

1. 佛教 - 修持 2. 溝通

225.79 95000926

人間淨土 13

從心溝通

法鼓文化

著者／聖嚴法師
出版／法鼓文化
總監／釋果賢
總編輯／陳重光
編輯／陳明明、陳珮菁
封面設計／柯明鳳
地址／臺北市北投區公館路 186 號 5 樓
電話／(02)2893-4646 傳真／(02)2896-0731
網址／http://www.ddc.com.tw
E-mail／market@ddc.com.tw
初版一刷／2006 年 2 月
初版二十三刷／2022 年 9 月
建議售價／新臺幣150元
郵撥帳號／50013371
戶名／財團法人法鼓山文教基金會-法鼓文化
北美經銷處／紐約東初禪寺
Chan Meditation Center(New York,USA)
Tel／(718)592-6593 E-mail／chancenter@gmail.com